HEYNE
BÜCHER

Das Tennis Buch OTTO

von und mit

OTTO Waalkes

WILHELM HEYNE VERLAG
MÜNCHEN

Also
eines will ich Euch mal sagen: von Tennis habt Ihr keine Ahnung! Könnt Ihr auch gar nicht, weil Ihr mein Buch noch nicht gelesen habt. Ich dagegen habe es schon gelesen und außerdem bereits zahlreiche Pokale gewonnen. Das kann ich beweisen.

Hier zum Beispiel das GOLDENE HÖRNCHEN vom Bosporus-Cup für die schneckenhaftesten Bewegungen. Was hab ich mich gefreut damals! Ich hatte aber auch einen tierischen Hunger.

Und dann die Hosen-Open von Buxtehude. »Da kannst Du keinen Blumentopf gewinnen«, hatte man mir gesagt. Und was kriege ich da? Na? Jawohl, einen bösen Husten und dieses allerliebste Kotzkübelchen!

Im nächsten Jahr durfte ich dann bereits den lebenden Lakotz-Orden auf der Brust tragen und bekam die berühmte SALATSCHÜSSEL für absolutes Gurkentennis.

... den BAYRISCHEN BARRACUDA für das verbissenste Gesicht nach der Erstrundenniederlage ...

... sowie den KOBLENZER KANZLER-KOPF für unzulässiges Übergewicht.

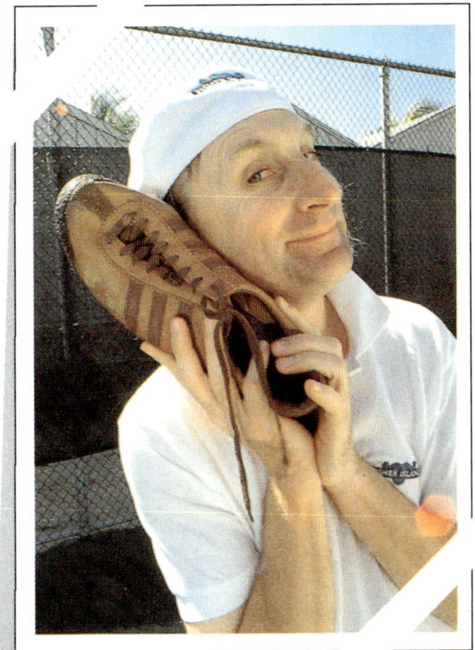

Dann ging es Schlag auf Schlag: Ich erhielt den RATZEBURGER RIESENSCHUH für die meisten Fußfehler und die ruderndsten Bewegungen …

Und vor zwei Wochen konnte ich dann zum ersten Mal richtiges Geld von einem Turnier mit nach Hause nehmen. Den Zehner hatte ich auf der Toilette gefunden.

DIE GROSSEN DER WELTRANGLISTE

Und ihre kleinen Freundinnen

DAMEN

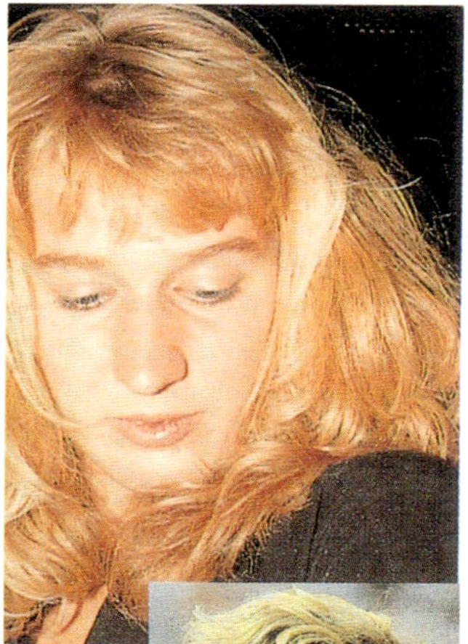

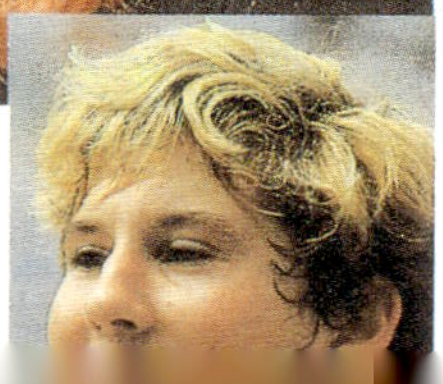

Ach, meine Steffi, klagt Miss Graf,
mag's mal konvex und mal konkav.

Miss Seles hängt an Monika.
Wie stünde sie auch ohne da!

Gaby verlangt von Sabatini
nur Frischgepreßtes, nie Granini.

Mary Joe raubt Miss Fernandes
noch den Rest ihres Verstandes.

Im Doppel, da verzeiht Miss Sanchez
ihrer Arantxa wirklich manches.

Gilt das Int'resse ihrer Anke,
sagt Frl. Huber noch »nein danke.«

Miss Garrison zeigt ihre Zina
in Hochglanz auf der Fotokina.

Martina reist im eignen Koffer,
den Schlüssel hat Navratilova.

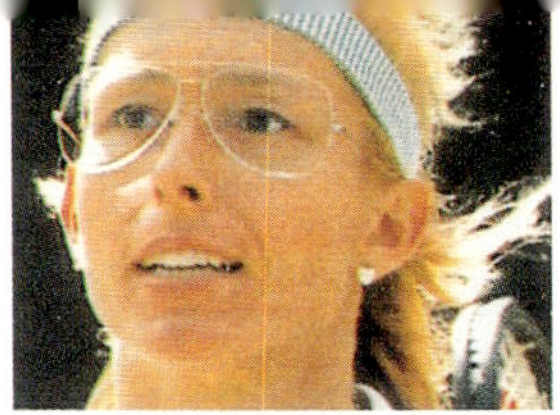

»An Jennifer«, sagt Capriati,
»lass' ich nur Seife und mein' Vati.«

Für Claudia gilt die Methode:
Ist Kilsch nicht da, nimmt sie halt Kohde.

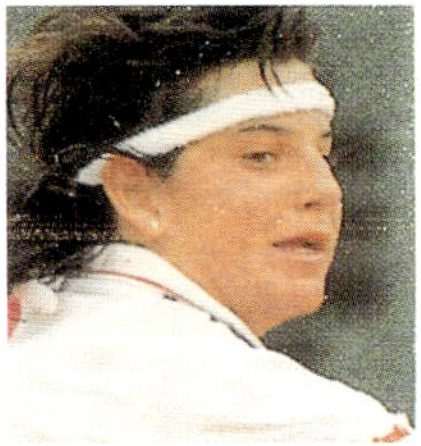

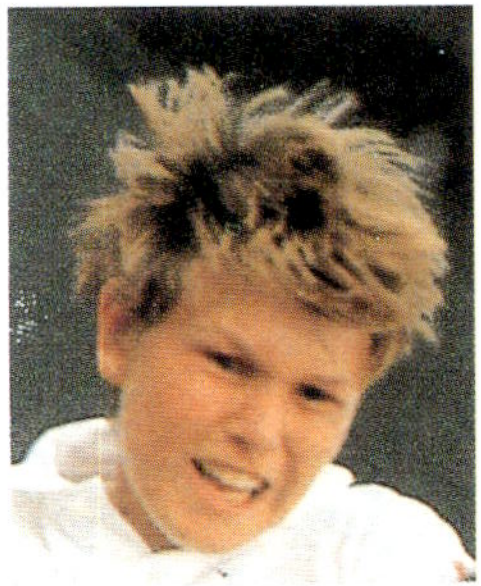

DIE GROSSEN DER WELTRANGLISTE

Und ihre kleinen Freunde

HERREN

Was Edberg treibt mit seinem Stefan,
das geht nur ihn und seinen Chef an.

Speziell im Tie-Break geht Herrn Becker
mental sein Boris auf den Wecker.

Abergläubisch nutzt Herr Lendl
seinen Ivan oft als Pendel.

Wenn Sampras eine Lady sieht,
dann meldet sich sofort sein Pete.

Monsieur Forget legt seinen Guy
nach Niederlagen übers Knie.

In schwachen Spielen betet Stich:
»O Michael, verlaß mich nich!«

Ist das Wetter draußen schlimm,
spielt Courier zu Haus mit Jim.

Sein alter Yannick, glaubt Herr Noah,
sei stärker noch als eine Boa.

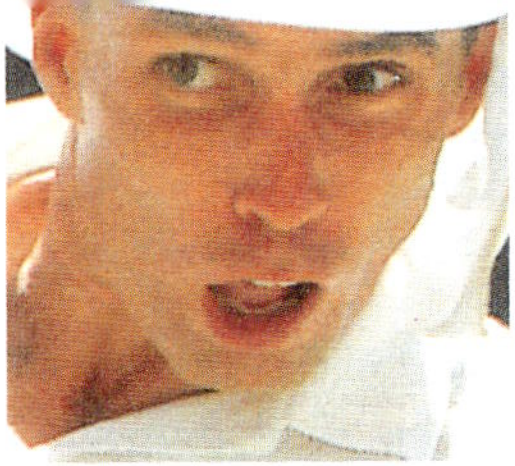

Agassi segnet seinen André:
»Erhebe Dich, mein Sohn, und handlé!«

An seinem Leisten hängt der Schuster
wie sein Thomas an Herrn Muster.

Ach! Auf dem Niveau sind wir jetzt!
Die letzten beiden Seiten fanden Sie also wutzig.

Wenn Sie wirklich was zu lachen haben wollen,
dann sollten Sie mal bei mir reinschaun!

Neueröffnung!

OTTOS BALL-HAUS

DER SECOND-HAND-SHOP FÜR UMWELTBEWUSSTE SPORTSFREUNDE

»Neue Bälle bitte!« Wie oft schallt dieser Ruf der Verschwendung, des Überflusses und der Vergeudung über unsere Tennisplätze. Als ob es die alten nicht auch noch täten!
OTTOS BALL-HAUS-KATALOG präsentiert Artikel und Objekte aus 100 % recycelten Tennisbällen! Staunen Sie selbst!

Den → haben Sie bestimmt schon mal irgendwo gesehen!

Von kundigen Metzgermeistern ausgeschlachtet und halbiert, haben alte Tennisbälle seit jeher eine sinnvolle Wiederverwendung gefunden: Als ANHÄNGERKUPPLUNGSSCHONER.
Im Geiste dieser Recycling-Pioniere haben wir weitergearbeitet! Der Umwelt zuliebe, und damit unsere runden Lieblinge, die ein Leben lang nur geschlagen wurden, nicht einfach weggeworfen werden, nur weil sie alt und schlapp geworden sind.

Wenn Türen auffliegen, weil Sieger heimkehren – dann kracht es meist ganz fürchterlich, und manchmal stürzen sogar Wände ein.
Das muß nicht sein, denn jetzt gibt es den STOPP-BALL!
Gut placieren und einfach festnageln!

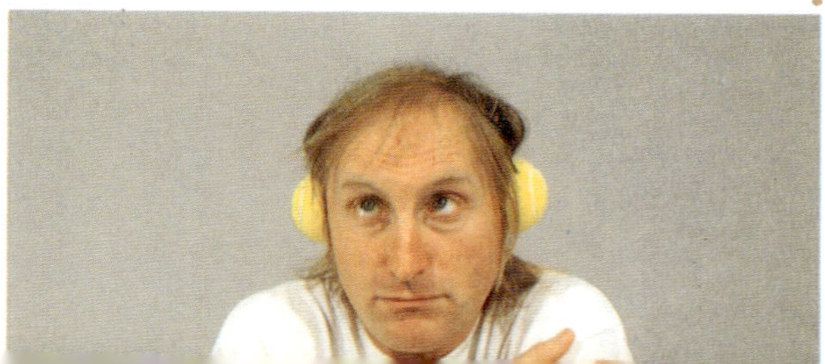

Eine wirklich schöpferische Idee unserer Recycling-Ingenieure:
Der BALLSCHÖPF-LÖFFEL für Tennisfans!
Da schmeckt einfach alles nach Grand Schlamm!

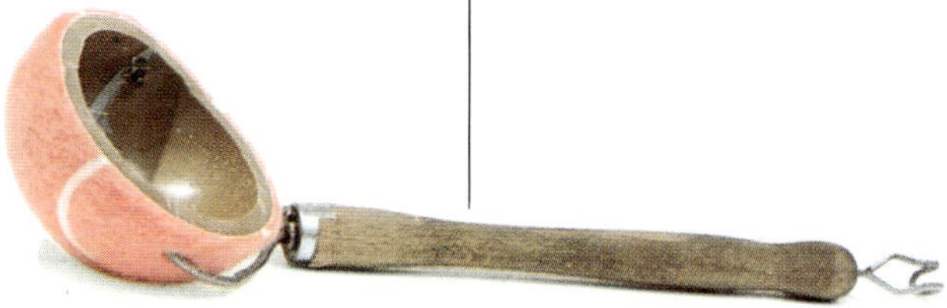

Tennis wie zum Abgewöhnen? Die Seles hört nicht auf zu stöhnen?
Kein Problem mehr mit dem OHRENSCHÜTZER-BALL!
Man hört beim Schuß den Knall nicht – denn dieses Ding ist schalldicht!

Wenn die Augen nicht aufhören, hin und her zu zucken und das gleißende Licht von fünf Stunden Fernsehtennis im gebeutelten Kopf nicht verlöschen will – dann hilft die SCHLAF-TENNIS-BRILLE!
Einfach aufsetzen und prima pennen!

Nicht nur ihre Socken – auch Sportler qualmen. Aber damit nicht immer alles auf den Aschenplatz fällt, gibt es jetzt den praktischen ASCHENBECHERBALL.

Was früher mal ein Matchball war, kann auch heute noch Spiele entscheiden. Im ewigen Spiel der Liebe und im Kampf um die Gunst der Geliebten machen Sie die entscheidenden Punkte mit Blumen in einer original BALLBLUMENVASE!

Ist es heiß und ißt man Eis – dann doch bitte aus dem formschönen TENNISBALL-BECHER! Ein Muß für jede Club-Kantine!

Neuer Glanz aus alten Bällen! OTTO Fröhliche! Der WEIHNACHTSBAUM-BALL ist da! Wenn das das Christkind noch erlebt hätte. Leuchtend, lustig, lebensfroh! Eine runde Sache!

Recycling in seiner schönsten Form! Der BALL-BH!
Wer seiner Formen sich bewußt, wirft stolz sich in die schöne Brust!

Ihr alter Ball hat ausgedient? Aber nicht doch! Als TISCHTENNISBALL-BEHÄLTER kann er sich noch im hohen Alter um die kleinen Bälle kümmern und dient weiter einem guten Zweck. Damit's in der Verwandtschaft bleibt!

»Nun laß doch mal die Tennisglotzerei – die Eier werden ja kalt!« Werden sie eben nicht! Wer sich schon vor dem Frühstück Ärger ersparen will, der stülpt ihn einfach über: den EIERWÄRMER für Tennisschwärmer.

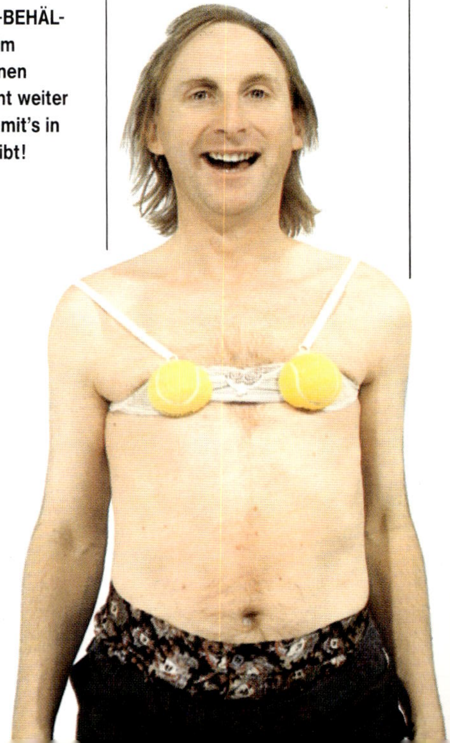

OTTOS

International anerkannte Künstler aus aller Welt haben exclusiv für OTTOS BALL-HAUS eine erlesene Kollektion hochwertiger Kunstobjekte geschaffen.
Ebenso wie unsere originellen Gebrauchsgegenstände sind auch diese Objekte und Plastiken aus garantiert uralten Tennisbällen gefertigt.
Kunstsammler finden hier eine wertbeständige Anlagemöglichkeit.
Denn OTTOS BALL-HAUS bietet – einmalig auf der Welt – die Kunst der Wiederverwertung!
Schon für 1000 Mark senden wir Ihnen gerne unsere Preisliste zu.

»Fuß-Ball«

Aufrütteln und am Vergessen hindern will auch der Schalker Künstler Josef »Ente« Dalli. Schon am kommenden Samstag, so seine Botschaft, ist wieder Anstoß in der Bundesliga. Und wir wollen doch bitte nicht vergessen, welches die Sportart Nr. 1 in Deutschland ist.

»Le Bal Officiel de la France Ouvert de Neufcentcroissant«

Diesen Titel gab der französische Ball-Artist Jean Jacques Avantage seinem originellen Objekt in limitierter Auflage. Es will als sportlich appetitliches Symbol für die hohe französische Lebensart verstanden sein, die ja im Eintunken von alten Hörnchen in kalten Kaffee einen ihrer schönsten Höhepunkte findet.

»Canadian Puck-Ball«

Das Objekt des kanadischen Eisschnitzers Irving Gretzky stellt eine Wende im Schaffen des Künstlers dar. Leugnete er bisher die Existenz von Bällen überhaupt und idealisierte den Schläger als solchen, so versucht er nun doch Brücken zwischen Schläger und Ball zu schlagen.

OTTOS BALL-HAUS

PROUDLY PRESENTS:

KUNST AM BALL

»Faschings-Ball«

Diese volkstümliche Installation wurde vom Kölner Creativ-Team Tünnes/Scheel realisiert; wobei Tünnes für Tennis und Scheel für die gute Laune zuständig war. Ein gelungener Einstieg unseres Altbundespräsidenten in die internationale Kunstzene!

»Netz-Ball«

Dem großen Franzosen Honoré de Ballsack gewidmet, wirkt dieses eindrucksvolle Objekt weit über den Wortsinn hinaus. Symbolisiert es doch, neben der allgemeinen Verstrickung des Menschen in Sport und Politik, vor allem die ergreifende Schlichtheit seines Schöpfers Jossl Beus-Kaut.

»Ying und Yang«

Die ganze Weisheit des Ostens offenbart sich in diesem eindrucksvollen Objekt des Ostkoreaners Bum Zzen. Es vermittelt jenen tiefen Einblick in die asiatische Mythologie des Gegensätzlichen, der es uns ermöglicht, hinter der Bedeutung auch die Dinge zu erkennen. In diesem Falle ist des Rätsels Lösung ein schwarz-weiß angemalter Tennisball.

»Schnee-Ball«

Der renommierte Eskimo-Künstler Ais Brekker will sein Objekt als »Schrei aus dem Norden« verstanden wissen. Es ist als dringender Appell an die Weltöffentlichkeit und das Internationale Olympische Komitee gedacht, endlich den Bau von Tennishallen auf Grönland zu fördern, nachdem jedes Jahr aufs neue Hunderte von Grönländern bei der Ausübung ihres Lieblingssportes im Freien erfrieren.

OTTOS BALL-HAUS

läßt die Puppen tanzen

**Alte Bälle sind wie alte Indianer: vom Aussterben bedroht.
Wir ersparen ihnen dieses Schicksal!
Die niedliche INDIANER-BALLPUPPE hört auf den Namen »Irokesa«.
Wenn man sie drückt, kann sie »pfffhhhh!« sagen, was auf indianisch soviel wie »Mama!« bedeutet.
Eine Zierde für jedes Kinderzimmer!**

»Kinder lieben ‚Scheichi' gleich – ‚Scheichi' ist das Kind vom Scheich!«
Die bezaubernde ARABER-BALLPUPPE erobert Kinderherzen im Wüstensturm und wird auch als Sandmännchen gerne mit ins Bett genommen.

Die zündende Idee für den begabten Bastler!
Ein Mordsvergnügen für junge Knallköpfe!
Der BOMBENBALL macht jede Krabbelkiste zur Krawallschachtel.
So wird der kleine Peter zum großen Attentäter!

Zauberhafte BABETTE

1. Lektion: »Rückhand«

Eine Tennisstunde in 3 Lektionen

Es war Liebe auf den ersten Blick. Ich war nur ein einfacher Tennislehrer…

…und sie besaß nichts außer Charme, Schönheit und einem Schiff vor dem Eigenheim.

Vielleicht gerade deshalb holte ich Babette persönlich von zu Hause ab und hätte sie wohl bis ans Ende der Welt gerudert, wenn sie nicht auf dem blöden Tennisunterricht bestanden hätte.

Also zeigte ich ihr, wie man eine beidhändige Rückhand schlägt, ohne dabei aus dem Boot zu fallen. Sie war begeistert.

Wird die Begeisterung anhalten? Wird die zauberhafte Babette das Tennisspielen erlernen? Oder wird sie dem unwiderstehlichen Charme des angeblichen Tennislehrers verfallen? Antwort auf diese und noch ganz andere Fragen finden Sie im zweiten Teil unserer Serie ZAUBERHAFTE BABETTE

DAS UNERLAUBT
VERBOTENE

Ich mach Dich so klein mit Hut!

Ruf Vati an!

Laß Dich begraben!

Das ist ja nicht zum Hinschauen!

Das ist ein Aschenplatz, kein Rasen!

COACHING UND SEINE HANDZEICHEN

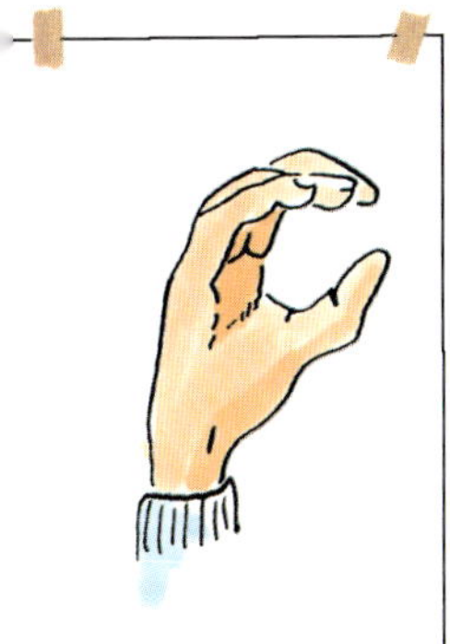

Das Runde ist der Ball!

Nun sei doch nicht so fickerig!

Für mich bist Du die Nummer 1!

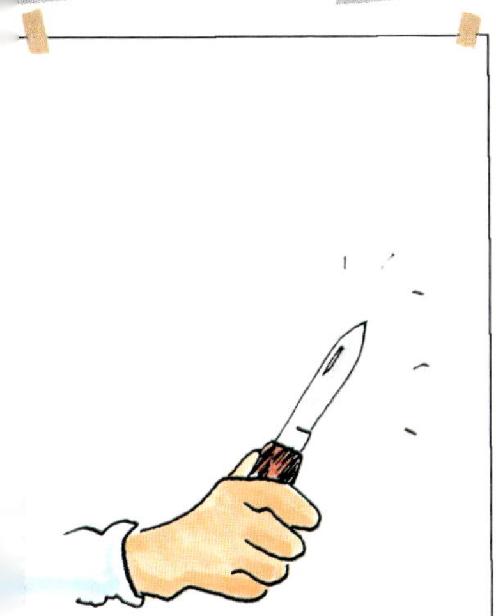

Mehr unterschneiden!

Die Sprache des Tennis

Für den Nicht-Tennisspieler ist es nicht einfach, den Tennisspieler zu verstehen: Erstens weil der überhaupt Tennis spielt, zweitens weil er sich in ziemlich unverständlichen Begriffen darüber zu unterhalten pflegt: Von »As« bis »Zweiter Aufschlag« habe ich die gebräuchlichsten im folgenden Tennis-Alphabet erklärt. Eigentlich geht die Schwierigkeit allerdings schon beim Namen des Spiels los: »Tennis« – woher stammt dies Wort denn nun?

Nun, das weiß so genau kein Mensch, wird sind auf Vermutungen angewiesen.

Ich persönlich vermute, daß sich das Wort vom Namen eines Heiligen herleiten läßt: der Heilige Dennis war es, dessen weiches D sich im Zuge der zweiten mittelalterlichen Lautverschiebung in ein hartes T verwandelte, ähnlich ging es damals anderen gebräuchlichen Gegenständen: Dusche wurde zu Tusche, und Dusch zu Tusch. Auch der kleine Bruder des Tennissports hieß ja im früheren Mittelalter noch Dischdennis. Gegen meine Theorie spricht allerdings, daß andere nahe Verwandte des Tennis sich da genau umgekehrt verhielten:Der harte Tollar wurde zum weichen Dollar, die T-Mark zur D-Mark usw. Außerdem war der Heilige Dennis vollkommen unsportlich und eher zum Schutzpatron der Stubenhocker und Leseratten geeignet.

Die Legende berichtet, daß er praktisch nie sein Studierstübchen verließ, wo er sein Leben lang darüber brütete, wie man die Bibel aus dem Altbackenen ins Frikadellische (einer Abart des Küchenlateinischen) übersetzen könne, um seine Jünger zum Glauben an die alleinmehligmachende Kraft des Panierens zu bekehren.

Dabei ward der Heilige Dennis einst vom Teufel gestört, der ihm sein Bulettenrezept zu entlocken trachtete und ihm dafür anbot, die Klopse auf seinem Höllenfeuer gar grillen zu dürfen, kostenlos und bis in alle Ewigkeit.

Die ungesunde Produktion wollte der habgierige Teufel sodann als »Hellburger« in Kettenrestaurants unter dem Namen »McDennis« an unschuldige junge Seelen verscherbeln. Man könne doch halbe-halbe machen, schlug der Teufel Dennis vor und meinte damit: halbe Portionen zum doppelten Preis.

Als er diesen teuflischen Plan vernommen hatte, ergrimmte der fromme Dennis und machte kurzerhand Hackfleisch aus seinem Versucher, das er alsbald zu falschem Hasen verarbeitete und noch am selbigen Abend wegputzte, wobei er sich ordentlich die Finger verbrannte. Dafür ward Dennis heiliggesprochen, und daher stammt auch das alte Sprichwort »Wer den Teufel zu Abend essen will, sollte wenigstens einen Löffel dabeihaben«. Was aber hat nun diese Heiligenlegende mit der Herkunft des Tennis zu tun?

Wahrscheinlich nicht allzu viel und womöglich sogar unwahrscheinlich wenig.

Otto's großes Tennis-Alphabet

erstmals vollständig von A~Z

As, *das* ursprglch. Abkrzng. von A-uf s-chlag, weil der nämlich so blitzartig schnell kommen kann, daß dem Gegner keine Zeit mehr bleibt, das ganze Wort auszusprechen, geschweige denn den Ball zurückzuschlagen. Wer nur Asse serviert, kann ein Match nicht verlieren – wer nur Asse serviert bekommt, hat keine Aussicht, eines zu gewinnen. Insofern hat also auch das → As seine Vor- und Nachteile – wie ja eigentlich alles im Leben. Nehmen wir zum Beispiel den Weihnachtsmann: Er hat den Vorteil, daß es ihn gar nicht gibt – Sie haben davon den Nachteil, daß Sie sich als Familienvater einmal im Jahr einen weißen Bart ankleben müssen, und wie der fusselt…

Beinarbeit, *die* nennen wir das ganze Hin- und Hergerenne auf dem Tennisplatz. Wer es nicht im Schlagarm hat, muß es eben in den Beinen haben und sollte sich ein Beispiel an Laufkäfer und Rennmaus nehmen. Geniale Spieler wie → John McEnroe und ich kommen dagegen mit dem Tempo eines Taschentuchs und dem Aktionsradius einer Wanderdüne aus – oder umgekehrt.

Cramm, Gottfried von, *der* Freiherr und legendärer deutscher Spieler aus der Zeit, als Tennis noch als exklusive Sportart dem Hoch- und Flachadel vorbehalten war. Galt als fairster Verlierer aller Zeiten und wird deshalb »Fairvaz« genannt, jedenfalls von mir. Um seine mäkellose Erscheinung und sein vorbüldliches Verhalten ranke ich unzählige Anekdoten. Dies ist eine von zweien: Beim Endspiel um die spanische Erbfolge in Toledo hatte Freiherr von Cramm im Tie-Break des fünften Satzes Matchball gegen den ebenso habsburgischen wie -süchtigen Fürsten Schmetternich. Dessen zweiter Aufschlag wurde nun vom

russischen Schiedsrichter Baron Blindecow »Aus« gegeben, und zwar aus durchsichtigen großmachtpolitischen Gründen (Rußland fürchtete nämlich eine habsburgische Vorherrschaft im Mittelmeerraum, und wer fürchtet die nicht?). Offenbar Gottfried von Cramm, denn der hatte Schmetternichs Aufschlag eindeutig »Gut« gesehen und bestand in seiner Fairneß darauf, daß Schmetternich »zwei neue Bälle« zugesprochen bekäme und den entscheidenden Aufschlag wiederholen dürfe. Dies wiederum wurde von Schmetternich, der hinter des Freiherrn berüchtigter Großzügigkeit nicht zurückstehen mochte, dermaßen vehement abgelehnt, daß es zu einem heftigen Wortgefecht kam, in dessen Verlauf beleidigende Worte wie »fieser Fairmann!« und »feudaler Flachwichser!« sowie »Freiherrnferkel!« und »Flegelfürst!« hin und wieder wechselten, bis an dessen Ende den Kontrahenten kein Ausweg blieb als der, die strittige Sache mit Pistolen auszutragen, einem regelrechten Duell demnach, an dessen Beginn von Cramm dem Fürsten Schmetternich gleich dergestalt in die Brust schoß, daß dieser auf der Stelle tot umfiel. Dennoch mußte der Überlebende die spanische Erbfolge leider ablehnen mit dem korrekten Hinweis, daß jenes Endspiel zum Zeitpunkt der Schmetternichschen Aufgabe sportlich noch nicht entschieden gewesen wäre, worauf der Schiedsrichter zum eigentlichen Sieger erklärt wurde und Spanien an Rußland fiel und beinahe noch kommunistisch geworden wäre, wenn nicht… aber das ist eine andere Geschichte.

Davis-Cup, *der* ist ein alljährlich stattfindender Wettstreit der besten Tennisnationen um die sogenannte »Krone« des »weißen Sports«, die sich bei näherem Hinsehen allerdings alsbald als ziemlich buntkarierte und lappige Kappe jenes australischen Ureinwohners entpappt, der es als Dingospieler zum Millionär gebracht hat und sich seinen Känguruhestand unter dem Allerweltsnamen Davis dadurch ein wenig abwechslungsreicher zu gestalten trachtet, daß er junge Männer in seinem Namen und kurzen Höschen einem kleinen gelben Bällchen und zweifelhaftem Ruhm nachjagen läßt. Geschmacksache.

Einschlagen, *das* und zwar nicht die Fresse, sondern sich – nein! Nicht sich selbst die Fresse, sondern mit dem Gegner vor dem Spiel einige Bälle wechseln, um ihn entweder in dem Glauben zu wiegen, man spiele noch schlechter als er, oder um ihn im Gegenteil von der eigenen unüberwindlichen Spielstärke zu überzeugen und ihn für das nachfolgende Match zu demoralisieren, bei dem man ihm ja leider auch nicht direkt die Fresse einschlagen kann – es sei denn, man träfe den Ball so hart und günstig, daß er den Kopf nicht mehr einziehen kann… Dann entschuldigt man sich aber.

Fußfehler, *der* wird unterschieden in Senk-Spreiz-Knick- oder Plattfuß. Seltener ist der Schwarzfuß, der sich bei näherer Behandlung häufig als Schmutzfuß oder Indianer herausstellt. Bei akuten Fußfehlern ist auch während des Ballwechsels der Schiedsrichter gehalten, einen Spezialisten zu konsultieren. Dann ertönt der Ruf: »Ist zufällig ein Orthopäde unter den Zuschauern?« Und häufig genug die Gegenmeldung: »Krankenkasse oder Privatpatient?«

Gemischtes Doppel, *ein* ist eine Möglichkeit, Ehestreitigkeiten oder Partnerschaftsprobleme einer kleineren oder größeren Öffentlichkeit bekanntzumachen, da beim »Mixed« grundsätzlich gemischtgeschlechtliche Pärchen einander gegenübertreten, um sich untereinander Vorwürfe zu machen. Häufig kommt es deswegen in Tennisvereinen zu regelrechten Partnertauschgeschäften, aus denen sich kreuzweise neue Verhältnisse ergeben, die freilich nur selten das nächste → Gemischte Doppel überleben. Ob diese Spielform indes von Scheidungsanwälten erfunden wurde, ist nicht zu beweisen.

Hallentennis, *das* unterscheidet sich vom Spiel im Freien dadurch, daß der Platz überdacht und von vier meist undurchsichtigen Wänden umgeben ist. Wird daher von Spielern bevorzugt, deren spielerische und läuferische Möglichkeiten sich umgekehrt zu ihrer hochentwickelten Fähigkeit zu Selbsterkenntnis und -kritik verhalten und die deshalb eine Halle als willkommenen Schutz gegenWetterunbill und unwillkommene Zuschauerblicke benutzen. Leider treiben sich deswegen draußen die Typen rum, die zwar genauso miserabel Tennis spielen, das aber auf keinen Fall wahrhaben wollen.

Isokinetisches Krafttraining, *das* unterscheidet sich vom isometrischen einer- und vom isotonischen Krafttraining andererseits, indem nämlich, daß also irgendwie beispielsweise grundsätzlich diese ganzen isokinetischen Kräfte eben doch anders trainiert werden als die isometrischen bzw. isotonischen Kräfte, weil es sonst ja durchaus auch isometrisches oder isotonisches Krafttraining heißen könnte und jedenfalls nicht isokinetisches heißen müßte, was immer das heißen soll. Ich persönlich vermute ja stark, daß man beim isoton-ischen Krafttraining mitsingen darf, was man beim isometrischen natürlich nicht kann, während man statt des iso-kinetischen Trainings lieber gleich ins Kino gehen sollte.

Jeu de Paume, *le* soll ein typisch französischer Vorläufer des Tennissports gewesen sein. Die zeitgenössischen Berichte darüber weichen voneinander ab, und zwar so stark, daß ich wiederum von ihnen abweiche und stark vermute, daß sich beim Jeu de Paume zwei typisch französische Messieurs mit Baskenmützen gegenüberstanden, um sich mit typisch französischen Stangenweißbroten die typisch französischen filterlosen Zigarettenkippen aus den von einem typisch französischen Schnäuzer überschatteten Mundwinkeln zu hauen. Für meine Vermutung spricht meine wörtliche Übersetzung des Begriffs: Jeu de Paumes = sich mit Baguettes (Stangenweißbroten) die Gauloise (filterlose Zigarette) aus den Paumes (Mundwinkeln) zu jeuen (hauen).

Kondition, *die* ist genau das, wovon man nie genug hat, worunter zwangsläufig die Konzentration leidet, getreu der uralten Sportreporterweisheit: »Wenn die Kondition nachläßt, läßt auch die Konzentration nach«. Und wenn die nachläßt, dann… ja, was dann?

Linien, *die* spielen beim Tennis Hauptrollen, sowohl die Grund- wie die Seitenlinien, zumal, wenn sie nicht von unparteiischen Richtern überwacht werden, was den schlechten Charaktereigenschaften der Spieler immerhin gewisse Grenzen zieht. Überläßt man dagegen notgedrungen dem Gegner das Urteil darüber, ob der eigene Ball innerhalb oder außerhalb dieser Linien den Boden berührt habe, erweist sich der garantiert als Lügner, Heuchler, Betrüger, Kleinkrimineller oder gar Großganove der übelsten Art und – was das Schlimmste ist – zwingt auch uns selbst dazu, diese Versuche, sich ungerechtfertigte Vorteile zu erschwindeln, durch ebenso dreiste Gegenlügen wenigstens einigermaßen auszugleichen. Mein Gott, was bin ich dabei für ein Schwein.

McEnroe, John, *der* vielleicht der genialste Tennisspieler der Neuzeit, bestimmt der wichtigste Reformer des modernen Profitennis, der aus der ehemaligen Gentleman-Sportart endgültig eine Art Rüpeloper mit eingestreuten Pöbelarien machte (vergleiche auch: »Die schönsten Schiedsrichterbeleidigungen aus drei Jahrtausenden«). McEnroe brillierte besonders in glanzvollen Doppelrollen als verfolgteste Unschuld und finsterster Bösewicht in einer Person.

Netz, *das* ist der natürliche Feind des eigenen Balls, der sich darin mit Vorliebe verfängt, da es ausgerechnet an der Stelle, wo man es überwinden möchte, garantiert etwas zu hoch ist, während es dem Gegner grundsätzlich gute Dienste leistet, indem es mit seiner festen Oberkante dessen Bälle immer so ablenkt, daß sie vollkommen unerreichbar werden – jedenfalls für mich (vergleiche auch: »Beinarbeit einer Wanderdüne«).

Profis, *die* spielen im Tennis eine wichtige Rolle, da sie das Preisgeld einstreichen, was wir Amateure so gut gebrauchen könnten. Ich zum Beispiel hätte so gern das Geld für ein Kamel. Was ich mit einem Kamel will? Gar nichts. Das Kamel können Sie vergessen – ich will doch bloß das Geld.

Qualifikation, *die* nennt man bei Turnieren das, was wir leider nie schaffen – nicht weil uns die Qualität fehlt, nein, aber wir haben doch immer so viel Pech (vergleiche auch: »Netzkante, die«).

Rückhand, *die* ist das Gegenteil der Vorhand, genau wie rückwärts das Gegenteil von vorwärts ist. Aber was ist das Gegenteil von Rückschlag? Ich erwarte Ihren Vorschlag...

Schmetterball, *der* klingt poetischer als er ist: nämlich durchaus keine Kreuzung aus Schmetter-ling und Opernball, sondern der Versuch, dem Gegner einen Ball dermaßen um die Ohren oder vor die Füße zu schmettern, daß ihm Hören, Sehen und die Lust vergehen, uns immer wieder überlobben zu wollen.

Tennislehrer, *der* läßt sich dafür bezahlen, anderen Menschen vollkommen sinnlose Dinge beizubringen, bloß weil sie ihm von seinesgleichen auch beigebracht

worden sind: ein Teufelskreis! Bei Tennislehrern unterscheiden wir weniger nette und ganz fiese – zu teuer sind sie alle.

Verteidigung, *die* ist nicht immer der beste Angriff, wie der Volksmund fälschlicherweise annimmt, sondern eine spezielle Form der Feigheit vor dem Feind, die man am besten mit tödlichen Schlägen beantwortet, da sie sonst nicht strafbar ist in unserer Demokratie. Da hat der Gesetzgeber wieder mal geschlafen.

Weltrangliste, *die* errechnet sich ganz einfach – zumindest für den zuständigen Computer, der den Quotienten der mehr oder minder erfolgreichen Teilnahme an bestimmten Turnieren durch deren Anzahl dividiert und vergleicht mit den Erfolgen des jeweiligen Gegners, allerdings erst nachdem man Tagesform, Wochenziehung des Mittwochslottos, Wetterlage im Vormonat und das durchschnittliche Jahreseinkommen eines Bundeskanzlers davon subtrahiert hat, wozu nun der höchstmögliche Stromverbrauch einer mittleren Kleinstadt beziehungsweise einer kleineren Mittelstadt addiert oder ersatzweise abstrahiert wird. Dann hat man noch drei im Sinn, und jeder weiß, welche Zahl ich mir gedacht habe – oder?

X-Beine, *die* stören beim Tennis weniger als etwa beim Fußballspielen, wo man um so leichter »getunnelt« werden kann, je weiter die Füße unten auseinanderstehen.

Y, *das* hat es immerhin zum vorletzten Buchstaben meines großen Tennisalphabets gebracht. Ich gratulyre!

Zuschauer, *die* sind jene nützlichen Idioten, die durch ihr unermüdliches Kopfdrehen und -wenden diesen ganzen Tenniszirkus erst möglich machen. Sie schauen entweder zuerst nach rechts und dann nach links – oder umgekehrt. Schaut einer jedoch nach rechts, während alle übrigen schon nach links sehen (oder umgekehrt), weiß man sofort: Der ist wieder mal zu spät gekommen! Oder umgekehrt.

OTTO'S

GRUNDSÄTZLICHE GRUNDSCHULE DER GRUNDSOLIDEN GRUNDSCHLÄGE

Wenn Sie sich diese Grundausbildung gründlich eintrichtern, kann Ihnen nicht mehr viel passieren – außer auf dem Tennisplatz, versteht sich!

1. Der Überblick

Vor jedem Match verschafft sich der Spieler zunächst durch **Beidfüßiges Abheben** einen gewissen Überblick:

Wo ist der Gegner? Wie zahlreich ist er erschienen? Sieht er sehr stark und böse aus? **Oder nicht?**

Sodann überzeugt er sich vom **Ordnungsgemäßen Zustand** des eigenen Materials: Wie steht mir der Schläger? Gut.

Kleinwüchsigen Spielern ist zu empfehlen, ein wenig höher abzuheben, was durch leichtes Spreizen der Beine mühelos erreicht werden kann.

Durch gleichzeitiges Auswärtsdrehen der Fußspitzen gewinnen wir zusätzliche Flugdauer im sogenannten **Verdoppelten Schrittzwerger.**

**1. Grundsatz: Wer vor dem Spiel am längsten fliegt,
hat jeden Gegner bald besiegt!**

2. Die Grundhaltung

Sodann nimmt der Spieler Aufstellung. Ich empfehle die sogenannte **Büroklammerhaltung:** Dabei ähnelt die Grundachse des Spielerkörpers mit vorgestrecktem Kinn, das durch das rückversetzte Gesäß im Gleichgewicht gehalten wird, einer Büroklammer – selbstverständlich, b e v o r diese in ihre charakteristische Form verbogen wurde.

Die im Stand leicht eingeknickten Knie erlauben im **Sprungfedereffekt** durch bloßes Anheben der beiden Fersen auf Gesäßhöhe eine Hebung des Körperschwerpunkts um bis zu 84 cm.

Durch eine jähe Drehung des Schlägers um die eigene Körperachse und um 180 Grad wird so eine optimale **Rückraumbeherrschung** jederzeit gewährleistet.

2. Grundsatz: Kann Dich sonst kein Trick mehr retten, dreh halt deine Pirouetten!

3. Der Aufschlag

Der Aufschlag wird grundsätzlich beidhändig ausgeführt. Ich empfehle die **Verdeckte Variante,** wobei der Ball hinterrücks so hoch geworfen wird …

… daß uns Zeit bleibt, unsern Schläger mit beiden Händen zu packen …

… ihn mit Schwung hinter den eigenen Kopf zu heben …

…den fallenden Ball wieder ins Auge zu fassen…

…und ihn sodann mit noch mehr Schwung ins gegnerische Feld zu donnern: **Kawumms!**

Den 2. Aufschlag mit zwei Schlägern und zwei Bällen, sozusagen als **Geflügelten Doppeldecker**, auszuführen hat sich dagegen nicht bewährt – weder von rechts…

…noch von links.

3. Grundsatz: Kommt ein As mit hundert Sachen, hat der Gegner nichts zu lachen!

4. Das Grundlinienspiel

Ansonsten kommt es an der eigenen Grundlinie darauf an, einen möglichst entspannten, ja lässigen Eindruck zu machen. Zum Beispiel durch eine **Blind Geblockte Hinterhand.**

Auch beim **Eingesessenen Rückhandreturn** bleibt die Nichtschlaghand aufreizend in der Hosentasche.

Wobei sich für weibliche Spielerinnen der **Dezent Angedeutete Damensitz** mit Überschlagbein empfiehlt.

Die Vorhand schlagen wir am besten aus dem **Angewinkelten Liegestütz**, weil diese dösende Position den Gegner erfahrungsgemäß am tiefsten demütigt.

4. Grundsatz: Wirkt Dein Spiel ganz mühelos, ist des Gegners Ärger groß!

5. Der Vorhandvolley

Mehr Dynamik müssen wir leider am Netz vortäuschen: der **Feixend Eingesprungene Vorhandvolley**...

...kommt erst durch Straffung des Absprungbeins und Kopfdrehung in Schläger-, nicht in Schlagrichtung zu seiner nervtötenden Wirkung.

Er kann selbstverständlich auch gehockt...

...oder gespreizt ausgeführt werden.

Niemals jedoch gebückt oder gar mit Bodenberührung. Denn schon die **Einbeinige Vorhandvolley-Waage** wirkt doch vergleichsweise verkrampft – oder nicht?

5. Grundsatz: Daß der Gegner sich entsetze, stürme stets im Flug zum Netze!

6. Der Rückhandvolley

Auch der entsprechende Rückhandschlag wirkt bei beidfüßiger Bodenhaftung wesentlich weiter hergeholt...

...als etwa der **Eingeflogene Spreizschmetterball**...

...der freilich erst durch eine Spreizung der Finger der linken Hand seine Vollendung erfährt.

Noch höher fliegen wir im **Angehockten Kniespreizhupfauf.**

Während es uns der **Beidfüßig angekreuzte Lotushochsitz** durch seine ewig lange Flugphase erlaubt...

...schon während des Spiels über den Sinn desselben ausführlich zu meditieren.

6. Grundsatz: Ob gehupft, gespreizt, gesprungen: Der Gegner wird zur Flucht gezwungen!

7. Der Netzroller

Der **Gemeine Netzroller** stellt eine letzte, besonders verbotene Abart des Angriffspiels dar: Ist der dumme Ball auf unserer Seite des Netzes zu Boden gefallen…

…wird er mit einem leichten **Netzheber** per Hand, sodann per Fuß auf die gegnerische Seite befördert…

…selbstverständlich erst dann, wenn wir uns davon überzeugt haben, daß der andere gerade nicht herschaut.

Denn schließlich soll uns dies kleine **Täuschungsmanöver** den nachträglichen Beweis liefern, daß der Matchball glücklich, aber gerecht von uns verwandelt worden ist.

Letzter Grundsatz: Es kommt nicht darauf an, wer gewinnt – Hauptsache, der Sieg ist wieder mal unser!

Das Ab

»Ist das Abrollen beim Tennis
überhaupt wichtig?« werde ich
immer wieder gefragt.
Aber natürlich!
Stellen Sie sich einmal vor,
Ihre Partnerin beim Gemischten
Doppel ist nicht ganz zufrieden
mit Ihrer Leistung
und läßt Sie eiskalt fallen.
Na, ist das Abrollen dann
wichtig? – Richtig!

llen

Hallo! Hier spricht

Ich melde mich aus dem VIP-Zelt des Düsseldorfer French-Benefit-Turniers zugunsten unterernährter Manager. Die Stimmung ist bestens – soeben werden die Sponsoren in Sänften hereingetragen, der zweite Champagnersatz beginnt, und wer schlägt auf? Natürlich! Filialleiter Möwig schlägt zum wiederholten Mal die Speisekarte auf – und? Jawohl es muß noch einmal Kaviar sein! Selbstverständlich wird auch diese Portion auf dem Spaten serviert. – Leichte Bewegung im Saal: Volldampfdirektor Düdel mischt sich mit seiner Lebensphasenbegleiterin aus der Lohnbuchhaltung – ich tippe auf Bumsranglistenplatz drei – in das exklusive Gedränge. Beide ganz im maßgeschneiderten Freizeitbrokat! Er trägt unter dem sandplatzfarbenen Sakko das grobmaschige Netzhemd, sie trägt ihm das Scheckbuch nach. Sehr locker, sehr anmutig, wie sie da ihre Punkte macht.

»Aus! Aus! Aus!« höre ich nun Schuhmode-Zar Addi Dasnurnicht neben mir stottern, »aus-gerechnet Sie muß ich hier treffen!« – »Habe ich Sie nicht neulich im Fernsehen gesehen«, retourniere ich gekonnt, »oder war das Alf?« Pikiert zieht er sich in seinen filzgelben Zickenlederzobel zurück.

Ich bewege mich prominentenwärts. Ein gewisser Herr Giriak wird mir vorgestellt. Ich stelle ihn wieder weg und habe nun freie Sicht auf Sponsorengattin Fiffi, die mir ihren herausragenden Spielausschnitt präsentiert. »A pro pos Möpse«, sage ich, »mopsen Sie mir doch mal eines dieser böhmischen Bratlendl vom Büffet!« »I gitt!« wiehert sie munter den Koch an, »mach mir lieber den Boris!«

Und schon wird uns der geräucherte Becker-Hecht auf Bienen-Stich in Currier-Sauce gereicht. Bevor ich mich selbst übergebe, übergebe ich die Köstlichkeit an Arschi Graf Schnorrer, der soeben mit stark bandagiertem Portemonnaie das Zelt betritt. »Supa! Dös hat Klasse, dös hat Stil!« höre

Harry Hirsch!

ich ihn noch jodeln, dann wird er zur Strafe für unerlaubtes Kreischen vor die Tür gesetzt. Während der Ärmste draußen auf dem Court wildfremden Menschen beim Schwitzen zuschauen muß, herrscht hier drinnen im VIP-Zelt die gepflegte Atmosphäre plumpsender Vertraulichkeit. Da schreit man sich die neuesten Bankgeheimnisse zu und erzählt sich die ältesten Witze. »Wißt Ihr, wie Helmut Kohl einen Tennisplatz einweiht? Er schneidet das Netz durch!« quickt jetzt Hallenbauer Schlampig mit erhobener Hummerschere und fällt vor Vergnügen in den Katrin-Krabbe-Salat. Ein dreifach donnerndes VIP, VIP, HURRA! begleitet ihn beim Zu- und mich beim Abschied nehmen.

Immer wieder kommt es bei Tennisturnieren zu den bedauerlichsten Mißverständnissen und peinlichsten Verwechslungen. Da müssen Herren aus der Damenumkleidekabine gezerrt und Damen aus dem Herrendoppel entfernt werden. Da irren Zuschauer ziellos herum und Spieler zielen auf zuschauende Irre.
Damit ist jetzt Schluß! Denn um alle Klarheiten zu beseitigen, habe ich Euch Zeichen gegeben. Ihr aber sollt sie achten, denn es sind meine.

OTTI-GRAMME

First service!

Is was?

Bitte nicht die Ballmädchen schlagen!

Beim Lob auf Flugzeuge achten!

Beim Tennisturnier in Wanne-Eickel sind noch Sitzplätze zu haben.

Vorsicht! Polizei übt Aufschlag!

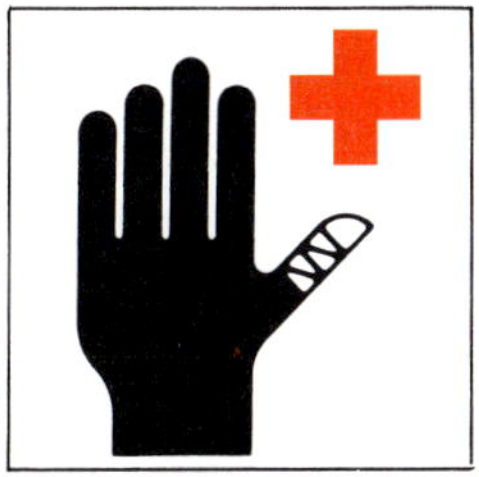

Hier wird unerlaubtes Coachen mit Daumenabhacken bestraft.

Halbflugbälle von links!

Kleiderordnung beachten!

Schirm vergessen? Schade. Es regnet nämlich mal wieder.

Bitte nicht auf den Blindenhund des Schiedsrichters treten!

Anfeuern verboten!

In fünf Minuten geht's los!

Für die meisten Spieler hängen hier die Trauben sowieso zu hoch.

»Quiet please! Ruhe bitte! Silence s'il vous plaît!«

Ständig wird der tennisbegeisterte Zuschauer mit solchen Kommandos vom Schiedsrichter zum Stillschweigen verdammt.
Auch damit ist jetzt Schluß!
Denn mit meinen OTTI-GRAMMEN hat der Fan nun sogar während des Ballwechsels Gelegenheit, seiner Begeisterung oder Mißbilligung Ausdruck zu geben. Wenn er weiß, was die »Sprechenden Schilder« bedeuten, kann er damit den eigenen Mann unterstützen, den Gegner ärgern oder den Schiedsrichter beleidigen – und dann kommt Freude auf!

★ Für den Gegner:

1. Schlimmer Finger!
2. Trübe Tasse!
3. Alter Löffler!
4. Der Zug ist abgefahren!
5. Scher Dich zum Teufel, Kamerad!
6. Gib das Besteck ab, sonst gibt's was auf die Mütze!

7. Nimm die Hand aus der Tasche!
8. Flasche!
9. Schauerlich schlechter Spieler!
0. Du kriegst eine Packung!

ür den Schiedsrichter:

1. Schiedsrichter, Telefon!
2. Einen Blindenhund für den Schiedsrichter!
3. Lies erst mal die Regeln!
4. Ich schenk Dir noch ein Regelbuch, Du Pfeife!
5. Von Tuten und Blasen keine Ahnung!
6. Schläfst Du noch?
17. Aufwachen!
18. Du Penner!

★ Für den eigenen Mann:

19. Bügel ihn nieder!
20. Blitzsauberer Schlag!
21. Bärenstark!
22. Mach ihn platt!
23. Glasharte Vorhand!
24. Schon das vierte As!
25. Gabelhaft unterschnitten!
26. Super!
27. Alles Banane – oder nicht?
28. Der Zug ist noch nicht abgefahren!
29. Ziel doch genauer!
30. Haushoch gewonnen!
31. Schöner Flugball!
32. Der Ball war aus!
33. Sehr fragwürdige Entscheidung!
34. Fragwürdig im Quadrat!
35. Netzball!
36. Fußfehler!
37. Das würd' ich gern mal im Fersehen in Zeitlupe sehen!

Wenn ein Tennisball erzählen könnte...

Wenn ein Tennisball erzählen könnte, dann hätte er uns gewiß viel Unerhörtes zu berichten, und wahrscheinlich würde er folgendes sagen: »Schaut nur, schaut nur, wie ich hin und her fliege! Ist das nicht toll? Erst hin, und dann noch viel toller, wieder her! Und jedesmal, AUA, haut mich dabei jemand. AUA, jetzt schon wieder! Sie werden's nicht glauben, aber so geht das stundenlang! Kaum fliege ich wie ein Vogel davon – AUA! Und dann muß ich immer KLATSCH und PLATSCH machen. KLATSCH, wenn ich auf den Linienrichter treffe und PLATSCH, wenn ich auf den Boden pralle. Und das muß ich mir alles merken. AUA, PLATSCH, AUA. Hach, ich könnte noch viel erzählen... Wer? Boris Becker? Kenn' ich nicht, PLATSCH, AUA, ist mir doch egal, wer mich schlägt; das tun sie ja alle. Ja, das ist schon ein interessantes Leben, KLATSCH, dieses Hin, wenn Sie wissen, was ich meine, und dann, AUA, wieder dieses Her. Hach, jetzt bin ich grade mal ein bißchen über den Boden gekullert. Das ist vielleicht toll, dieses DOTZ, DOTZ, DOTZ. Iiii, und jetzt nimmt mich schon wieder jemand in seine verschwitzte Hand, und gleich... AUA!«

Ja, wenn ein Tennisball erzählen könnte! Das wäre schrecklich.

Wie ich fast reich und beinahe berühmt geworden wäre, davon handelt die folgende Fortsetzungsgeschichte:

OTTO · DER TENNISFILM

von und mit Otto Waalkes

co-starring (in der Reihenfolge ihres Auftretens):

Ein alter Freund .... Udo Lindenberg
Noch ein alter Freund .... Frank Zander
Ein Verwechselter .... Bernhard Langer
Ein Sportsfreund .... Franz Beckenbauer
Ein Langer .... Carlo Thränhardt

Ein Biertrinker .... Wolfgang Menge
Noch ein Biertrinker .... Vicco von Bülow
Ein Kölschtrinker .... Willy Millowitsch
Eine Enttäuschung .... Hans Dieter Hüsch
Ein Starker .... Max Schmeling

Ein Schwachmaat .... Mel Brooks
Ein Tennistalent .... Boris Becker
Ein Ratgeber .... Uwe Seeler
Ein geheimnisvoller Mann
im Hintergrund .... Ion Tiriac

Jede Ähnlichkeit mit tatsächlich lebenden Prominenten wäre rein zufällig und fällt voll auf mich zurück.

Heutzutage weiß natürlich jeder, daß man viel Geld verdient, wenn man nur ein wenig Tennis spielen kann – oder wenigstens einen kennt, der das kann. Vorausgesetzt, man wird sein Manager und kassiert ordentlich mit. Die wenigsten wissen aber, daß ich der erste war, der diese Idee hatte…

etti, wie?
Ich suche mir einen, der eins hat!
Was für'n Talent denn?
Ein Riesentalent, mit dem ich die Riesenkohle machen kann, sackweise!

shalb umso
er woran
an einen,
Tennistalent? Is' verflucht selten...
An der Länge: groß muß er sein!
Aha, ein Langer...

Aus Enttäuschung über die Täuschung betrank ich mich mit meinem alten Freund Wolfgang. Und der verstand eine ganze Menge von meinem Problem, mehr als ich vertragen konnte:

Beim zweiten
Versuch verließ ich
mich auf mein
Augenmaß:

ter Freund Vicco
Wolfgangs Theorie.
f mußten wir gleich
einen trinken.

Tach, Otto!
Sag mal, Willy, Du trinkst bestimmt kein Bier, oder?
Doch.
Das ist ja
Entschuldige, Vicco, kennst Du einen, der kein Bier trinkt?
In unseren Kreisen . . . Aber klar: der Hans Diether, das ist Dein Mann!
Und hüsch, hüsch, hüsch war ich schon bei Hans Dieter:
Darauf trinken wir!
O nein, Rotwein!
O je, der trinkt ja auch – alles Essig!

Ich gab sie sofort
an Vicco weiter:

Meine letzte Hoffnung
war mein ältester
Freund Max:

Mel war nämlich der einzige Ami, den ich kannte.

Aber ich mußte es genau wissen.

mal, Mel, bist du
?
Stark?
Ich wußte es!
Er fragt mich, ob ich stark bin! … Ich bin der Stärkste!
22
22A
23
23A
24
24A
25

EPT 25 KODAK 5037 EPT 26 KODAK 5037 EPT 27 KODAK 5037 EPT 28 KOD
ch …
… der hat noch nie gewonnen.
Aua, ich gebe auf! Du hast gewonnen, Otto.
Oh, der Junge ist echt stark! Der Stärkste!
Ja, leider.
25
25A
26
26A
27
27A
28

Aber meine Hoffnung war nur mehr schwach – und hätte mich mein kleiner Freund Uwe nicht auf die Idee gebracht, es mal auf dem Tennisplatz zu versuchen – wer weiß . . .

Wird Otto für Boris die geeignete Partnerin finden?
Wird Boris dafür Otto reich und berühmt machen?
Und was macht der geheimnisvolle Fremde im Vordergrund?
Fortsetzung folgt!

DER TRIUMPHZUG!

PLAYER'S DAVISCUP

Die ganze Welt des Tennis und vielleicht eine gar nicht mal so schlechte Zigarette.

Der Bundesgesundheitsminister: Rauchen gefährdet Ihre Gesundheit. Wenn Sie es sich abgewöhnen wollen, dann schicken Sie Ihre PLAYER'S-DAVISCUP-Bestände bitte direkt und persönlich an mich. Ich kann mir diese kleinen, geilen Stengelchen stundenlang einziehen.

BILDER LÜGEN DOCH!

Bilder wie diese – wer kennt sie nicht, zumindest aus Fernsehübertragungen: Tennisspieler, die sich offensichtlich in unflätigster Weise beim Schiedsrichter über vermeintliche Fehlentscheidungen seinerseits und Benachteiligungen ihrerseits beschweren. Auch ohne den dazugehörigen Fernsehton scheinen diese Bilder eine sehr ungehörige und allzu eindeutige Sprache zu sprechen:

Herr Schiedsrichter, Sie sind wohl nicht ganz richtig im Kopf!

Sie sind ein Arschloch!

Ich schlage Ihnen gleich die Fresse ein!

Ich fresse meinen Schläger, wenn Sie nicht bestochen sind!

Wenn ich Sie erwische...

...drehe ich Ihnen den Hals um!

So sieht es aus für den Fernsehzuschauer – doch der Augenschein trügt! In Wirklichkeit klingt alles ganz harmlos. Hören wir uns den Originalton bloß einmal an:

Herr Schiedsrichter, mir ist da gerade eine irre Idee durch den Kopf geschossen:

Wenn Sie heute mittag so gegen eins nichts Besseres vorhaben…

…sollten wir beide mal etwas auf eigene Faust unternehmen…

…und gepflegt zusammen eine Pizza essen gehen!

Keinen Steinwurf von hier kenne ich ein nettes Lokal, wo ich Ihnen endlich in aller Ruhe sagen kann…

…wie ich Ihre heutige Schiedsrichterleistung fand: zum Kotzen!

Schlägerkauf ist Vertrauenssache!

Ein Überangebot der unterschiedlichsten Modelle macht es dem Anfänger und Laien nicht ganz einfach, den geeigneten Schläger für sich auszusuchen.

Trotzdem gilt es, jedes einzelne Exemplar auf seine Eigenschaften wie Schlagstärke, Griffverträglichkeit, Material und ästhetische Anmutung sorgfältig zu prüfen.

Vom Fachmann allein gelassen, kann er leicht unter dem Gewicht der selbständigen Entscheidung zusammenbrechen.

Nur um am Ende erschöpft feststellen zu müssen, daß man mal wieder die krummste Kelle erwischt hat.

»Aber das Preisleistungsverhältnis stimmt immerhin!«

MUSEUM FÜR ÄLTERE TENNIS-MALEREI
Hereinspaziert, Herrschaften!
Das Museum ist geöffnet!
Das guckt man sich an! Da schaut man mal hin!
Die alten Meister der Tennismalerei!
Kunstgenuß im Passieren!
Das geht schnell, das ist originell!
Ich übernehme die Führung,
Sie übernehmen das Risiko!
Freier Entritt für Tennisfans!
Halbgebildete zahlen die Hälfte!
Hereinspaziert, Herrschaften!

Und hier präsentiere ich Ihnen das Werk »Neue Bälle bitte!« aus dem Jahre 1463. Beachten Sie den vorwurfsvollen Gesichtsausdruck des unbekannten Tennisspielers, der dem Betrachter seine alte Gurke hinhält. Klasse gemalt von Botticelli, genannt der Schnellere.
Mastersmaler Michel Angelo schuf um 1510 sein »Bildnis des in der Umkleidekabine bestohlenen Jünglings«. Schon um 1510, Herrschaften, bedeutete also der Verlust sämtlicher Tennisklamotten nichts anderes als – Platzverweis!
Mit seinem Bild »Fasching im Nürnberger Tennisclub« von 1494 dokumentiert der Nürnberger Clubmaler Dürer deutlich, daß beim Fasching 1494 in Nürnberg trotz toller Kostüme doch ziemlich miese Stimmung herrschte. Wahrscheinlich war der Club mal wieder in Abstiegsgefahr.
Selten so gelächelt hat wohl auch Scherzpinsel Leo »Narr« Dodavinci als er schon um 1503 seiner berühmten Lisa zu ein wenig mehr Oberweite verhalf. Etwas zu durchsichtig vielleicht und nicht ganz sauber! Aber immer noch über der Gürtellinie. Und darauf, Herrschaften, kommt's doch an beim Tennis!

»Königskind mit Haltungsfehler« sollte dieses Bild von 1643 ursprünglich heißen. Aber »Prinz Ball Tasar Carlos beim Sturm ans Netz« war dem spanischen Maler Diego Velazzes doch lieber. Schon damit die königlichen Preisgelder stimmten.
Nichts als Flausen im Kopf und Federn am Ball hatte leider der Leichtsinnsmaler Chardin, dessen Gemälde »Vorschriftsmäßig ausgerüstete Tennisspielerin« von 1741 ja nun voll daneben – gegangen ist. Aber er hat halt nicht hingeschaut – Sie haben's getan, Herrschaften. Selber schuld, kann ich da nur sagen. Die Führung ist beendet!

Achtung DIE FUSSBALLER

11 kleine Fußballer
woll'n neue Wege gehn.
Dem einen ist der Ball zu klein,
da sind es nur noch 10.

10 kleine Fußballer
woll'n trotzdem nichts bereun.
Der eine wirft den Schläger weg,
da sind es nur noch 9.

9 kleine Fußballer,
die werden ausgelacht.
Der eine weint im Hinterhof,
da sind es nur noch 8.

8 kleine Fußballer,
die sind sich treu geblieben.
Der eine schießt den Ball ins Netz,
da sind es nur noch 7.

7 kleine Fußballer,
die treten im Reflex
dem einen in die Hacken rein,
da sind es nur noch 6.

Tennisfreunde: KOMMEN!

6 kleine Fußballer,
die spielen brav in Strümpf.
Der eine, der trägt Fußballschuh,
da sind es nur noch 5.

5 kleine Fußballer,
die schrein: »Wir bleiben hier!«
Der eine denkt: »Ihr könnt mich mal!«
Da sind es nur noch 4.

4 kleine Fußballer,
die glauben fest, es sei
noch eine ganze Mannschft da.
Schon sind sie nur noch 3.

3 kleine Fußballer
sind immer noch dabei.
Der eine will auf Schalke gehn,
da sind es nur noch 2.

2 kleine Fußballer,
die werden immer kleiner.
Der eine ist nicht mehr zu sehn,
drum ist es nur noch einer.

1 kleiner Fußballer
macht Schluß mit dem Gemecker.
Er hat sich einfach umgestellt
und heißt jetzt Boris Becker.

**Färrt der Ball ins Arsloch rin,
mag er woll gesmettert sin.**

Dieser ersten überlieferten Tennis-Bauernregel (ca. 1680) liefere ich hiermit die folgenden nach:

Hebt der Wind den Tennisrock,
wird das Böckchen schnell zum Bock.

Bleibt der eigne Atem stocken,
wechselt man die Tennissocken.

Ist der Ball aus Elfenbein,
wird er kaum geeignet sein.

Ist der Ball aus purem Gold,
wird er gleich zur Bank gerollt.

Der Spieler fällt zu Spielbeginn
am besten nicht gleich dauernd hin.

Regnet es in Wimbledon,
rennt die Königin davon.

Das Tennisspiel ist bald erlernt,
wenn man nur das Netz entfernt.

Ist das Spielfeld naß und cool,
ist es wohl ein Swimmingpool.

Im Tennisdress kann man verlieren,
doch o h n e ihn entsetzlich frieren.

Es eignet sich der Tennisplatz
auf Dauer nicht als Sexersatz.

Wer beim Kegeln Lobs versucht,
hat den falschen Platz gebucht.

Professionelles

Der unterdurchschnittliche Tennisspieler will und will es nicht begreifen: Warum spielen andere so überdurchschnittlich und ich noch nicht mal durchschnittlich? ***Was mache ich nur falsch?*** *denkt er.* ***Bin ich zu alt, zu dick, zu blond, zu blöd?*** *denkt er immer noch. Ganz einfach! Die denken gar nicht daran, so viel zu denken! Sie handeln! Ein Profi steht immer im Dienste seines Sports!*

Pennt ein Profi? Niemals! Er regeneriert. Jede Nacht sammelt er bis zu zwölf Stunden lang mentale Kräfte für den kommenden Tennistag. Erwacht ein Profi? Nein! Er ist bereits hellwach, wenn er sein erstes Auge aufschlägt. Und schon mit dem Zurückschlagen der Bettdecke perfektioniert er den voll durchgezogenen Schwung seines Rückhandreturns.

Liest der Profi Zeitung? Ach was! Stretching steht auf dem Programm. Immer wieder reißt er beide Arme vor dem Brustkorb seitwärts. Er spannt seine Profimuskulatur bis zum Zerreißen und dehnt seine Reichweite, bis die Fetzen fliegen.

Vernachlässigt der Profi etwa seine Vorhand? Der doch nicht! Jedesmal, wenn er aus dem Auto seines Doppelpartners steigt, wirft er die Tür mit jenem eleganten Schwung zu, der dafür garantiert, daß seine Vorhand so gefürchtet ist. Besonders bei seinem Doppelpartner.

Training

Will der Profi nicht erst mal die Morgenzeitung lesen? Nicht doch! Dazu ist es ja viel zu dunkel! Während der Profi die Glühbirne wechselt, streckt er sich nach Höherem. Denn je höher er sich beim Aufschlag reckt, desto härter kommen seine Bälle.

Klopft der Profi Teppich? Aber immer! Irgendwann muß das gute Stück ja mal irgendwie sauber werden. Und einen Staubsauger kann sich der Profi natürlich nicht leisten. Doch nicht mit diesem dilettantischen Trainingsprogramm! Ja, fit sein wie Otto heißt Opfer bringen!

Ein Englisch-Kursus für Tennisspieler

Improve your Longline! – Überprüfen Sie Ihre lange Leitung!

Peter, Paul and Mary are at the tenniscourt.
Peter, Paul und Maria sind im Tennis-Gericht.
In England tennis ist very common.
In England ist Tennis sehr im Kommen.
Even the queen watches it. – Sogar die Königin watschelt hin.
But only if the sun is shining bright. – Aber nur, wenn der Sohn scheinbar breit i

Peter, Paul and Mary also like to play a match.
Also spielen auch Peter, Paul und Maria gerne im Matsch.
»I am the referee«, says Peter.
»Ich bin der Reifere«, sagt Peter. *»And you may play.«*
»Und Ihr spielt im Mai.«
»Where is your racket, Paul?« asks Mary.
»Wo ist Deine Rakete, Paul?« fragt Maria. *»It is in my bag.«*
»Es ist bei meinem Becker.«

»Time«, says Peter. »Zeit«, sagt Peter. Und Paul sagt: *»Five o clock!«*
»Pfeiff, o Uhr!«

»Oh, then it's tiebreak.«
»Oh, dann ist Teepause.«
»First service, please!«
»Erst servieren, bitte.«

And Paul serves. Und Paul serviert.
»Fourty love!« he says to Mary.«
»Zum Tee, Liebes!« sagt er zu Maria.

»Who gives?« asks Peter.
»Was gibt's?« fragt Peter.
»There are many places.«
»Es gibt viele Plätzchen«, sagt Maria, *»and you have a good backhand.«*
»Und Du hast eine gute Backhand.«
»Try them please!«
»Drei Semmeln, bitte!«
»Ah, the return was well done!«
»Ah, der Turner war gut durchgebraten.«

Now Paul has a break.
Jetzt hat Paul sich erbrochen.

»One more break«, says Peter, »and you look like a champion.«
Noch einmal kotzen und Du siehst aus wie ein Champignon«, sagt Peter.

»Who is going to win?« asks Peter.
»Wer geht nach Wien?« fragt Peter.
»I will«, says Mary, »because I use my forehand now.«
»Ei, Willi«, sagt Maria, »beim Kurs benutze ich jetzt meine vier Hände.«

»Oh why?«
»Au weia!«

Immer wieder haben Tennisspieler das gleiche Problem: Wohin mit dem zweiten Ball beim ersten Aufschlag?
Es gibt viele unpraktische Lösungen. Manche schnallen sich den zweiten Ball auf den Rücken, andere geben ihn dem Balljungen zur Aufbewahrung. Einige beulen sich damit die Taschen aus, wenige versuchen, ihn in der verschwitzten Hand zu behalten, und manche verbergen ihn unter dem Röckchen.

Aber es gibt natürlich auch vernünftige Lösungen, wie hier auf unserem Suchbild.

WO IST DER 2. BALL?

Haben Sie's erraten? Na, dann spucken Sie's aus! Ihre Antwort ist ganz bestimmt…

…falsch!
Da ist er natürlich!

Aus dem Fotoalbum eines Tennisprofis

Ich habe schon fast die ganze Welt gesehen!

Hawaii, 86

Tokio, 87

Mallorca, 87

New York, 87

St. Tropez, 88

Melbourne, 89

Helsinki, 90

Rio! 90

Bad Vilbel, 90

Kopenhagen, 91

Miami, 92

Riad. 92

OB SIE ES MIR GLAUBEN ODER NICHT, ICH ERZÄHLE IHNEN JETZT:

Die Geschichte des Tennis

Ich habe lange, lange nachgeforscht, wie und wann unser Tennissport eigentlich entstanden ist. Ich habe dicke, dicke Bücher darüber durchgelesen. Ich habe viele, viele Experten ausgefragt.

Um die Sache für Sie kurzkurz und überübersichtlich zu machen, habe ich meine gesammelten Erkenntnisse in der folgenden Zeittafel starkstark zusammengefaßt:

In grauer Vorzeit

Außerirdische Halbintelligenzen legen auf der Erde die ersten Tennisplätze an und hinterlassen den Erdlingen die passenden Netze (vgl. dazu den Bildband: »Idioten aus dem All« von Erwin v. Däniken).

In hellgrauer Vorzeit

Da die Knallköppe uns weder Schläger noch Bälle zurückgelassen haben, benutzen die ersten Menschen die Netze zum Fischfang und die gefangenen Fische als Heringe für ihre Zelte, in denen sie herumliegen wie die Ölsardinen (vgl. dazu: »Der Große ADAC-Campingführer 1991 vor Christi Geburt«).

Backsteinzeit

Die gestreßten Zeltbewohner protestieren gegen ihre arg beengten Schlafgewohnheiten und wählen ihren großen Campingführer einfach ab. Statt dessen erklären sie den Bösesten unter ihnen zum Hausmeister über sich. Jetzt brauchen sie bloß noch die passenden Häuser dazu. Glücklicherweise werden ihre alten Bausparverträge fällig, und schon boomt die Branche (vgl. dazu: »Der Bauboom der Backsteinzeit« von Erwin Wüstenroth).

Neubauzeit

Die ganze Erde wird ziemlich übersiedelt. In Ägypten langweilen sich die Pharaonen in ihren Eigenheimen. Einige unterhalten sich mit Pyramidenbau (vgl. dazu: »Toll trieben es die alten Ägypter« von Erwin Ramses dem I.), andere mit Pyramidenwiederkaputtmachen (vgl. dazu: »Noch toller trieben es die jungen Ägypter« von Erwin Ramses dem II.).

430 vor Christi Geburt

In Griechenland gründet Erwin Sokrates unter dem Motto »Gras-Grün-Griechisch-Grau« den »Spartanischen Turnerbund« für Körperertüchtigung und gegen das schlaffe Herumhängen zwischen den Hauptmahlzeiten. Dafür wird die erste Turnhalle gebaut (vgl. dazu: »Die Akropolis und die Folgen« von Erwin Plato).

59 vor Christi Geburt

Erwin Cäsar wird römischer Konsul und verordnet den Römern den nach ihm benannten Kurzharrschnitt, der ihnen endlich den vollen Durchblick garantiert. Auch im Circus Maximus, wo damals die ersten urkundlich verbrämten Tennis-Spiele ausgetragen werden, und zwar zwischen Menschen und Löwen. Meist mit tödlichem Ausgang, da die Menschen zwar wie die Löwen, die Löwen aber nicht wie die Menschen kämpfen (vgl. dazu: »Topspinnere necesse est« von Erwin Spartacus).

Um Christi Geburt

Christus wird geboren (vgl. dazu: »Die Bibel«).

300 – 500 nach Christi Geburt

Die alliierten germanischen Revolutionsstreitkräfte – bestehend aus Wandalen, Westgoten, Ostgoten, Langobarden und dem Ehepaar Hiltrud und Heinz Hefrakorn aus Sachsen – stürzen das weströmische Militärregime unter Papst Beppo. Unter ihrer Herrschaft erlebt die Völkerwanderbewegung einen steilen Aufschwung, während sich die vornehmen römischen Kreise angewidert in exclusive Tennisclubs zurückziehen, in die man mit normaler Fellkleidung gar nicht erst reinkommt (vgl. dazu: »Dem weströmischen Tennis fehlt es an frischem Blut« von Erwin Konstantinopoulos, in: »Byzanzer Allgemeine Zeitung« vom 12. Februar 434).

600 – 1000 nach Christi Geburt

Unser schönes Abendland versinkt ins tiefste Mittelalter. Dutzende von Generationen fallen geschlossen durchs Abitur. Die arabische Kultur ist der europäischen minaretthoch überlegen: In einem Schaukampf unterliegt der karolingische Champion Pippin der Stärkere dem Bezirksmeister von Marrakesch, Abdul Ach Was, bereits glatt mit III:6, IV:6 und I:6. Mekka wird zum Wimbledon der gesamten islamischen Welt (vgl. dazu bloß nicht: »Pippin Langstrumpf ist der Größte« von Erwine Lindgren).

1271 – 1295

Der venezianische Kaufmann Marco Tennis reitet auf seinem treuen Pferd Erwin bis nach China, um sich seinen Poloarm mit Akupunktur ... nein, Quatsch: seinen Tennisarm. Prinz Charles hat einen Poloarm. Marco Polo hatte einen Tennisarm. Schreibt jedenfalls sein treues Pferd Erwin in seiner aufsehenerregenden Schilderung: »Meine Reise mit Marco Polo ins Reich der gelben Hoppereiter und wieder zurück«, Hafer Verlag, Würzburg.

1445

Johann Gutenberg erfindet den Buchclub. Die allermeisten seiner Zeitgenossen können zwar gar nicht lesen, werden aber trotzdem Mitglied, weil es als Begrüßungsgeschenk ein vierblättriges Kleeblatt gibt, das man auch dann behalten darf, wenn es bloß drei Blätter hat. Aber weiter als bis drei zählen können die meisten ja auch schon nicht mehr, geschweige denn bis 6:4 oder gar 7:5 – im Grunde gibt es niemanden, mit dem man über Tennis auch nur reden könnte. Oder über sonstwas (vgl. dazu: »Brieffreunde – verzweifelt gesucht« von Eraswin von Rotterdam).

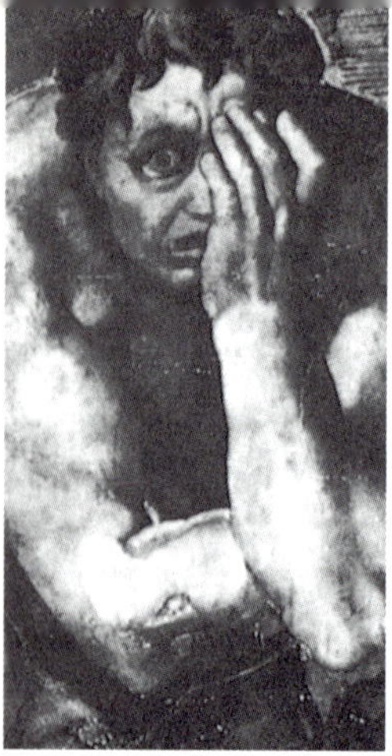

1555

Der Astrologe Nostradamus prophezeit, daß »dereinst wird kommen ein rothaariger Jüngling aus Leimen mit dem Namen Boris, der wird siegen in Wimbledon in seinem 17. Jahr«. Abergläubisch, wie die Leute nun mal sind, können sie plötzlich von Tennis gar nicht mehr genug kriegen – aber ansonsten ist diese Prophezeiung natürlich der pure Unfug: Erstens bin ich nicht rothaarig, sondern blond, zweitens komme ich aus Emden und nicht aus Leimen, drittens: Wenn ich mit 16 Wimbledon gewonnen hätte, dann wüßte ich das ja wohl noch, und viertens und überhaupt: Mein Name ist nicht Boris, sondern Erwin (vgl. dazu: »Der Mann macht mich noch wahnsinnig«, Erwine Tessier über Otto Waalkes in »Der Spiegel« Nr. 11/89).

17. Jahrhundert

Kaum zu glauben: Aber die Menschen haben wirklich keine größere Sorge als die, daß sie eines Tages den Boden unter den Füßen verlieren und wie ein Staubkorn hilflos ins All hinaustreiben könnten. Behüten kann sie davor allein die schützende Hand Gottes – behauptet jedenfalls die Kirche; und als Sir Erwin Newton 1665 die Schwerkraft entdeckt, darf er es jahrelang niemandem weitersagen, weil er fürchten muß, sonst als Petzer auf dem Scheiterhaufen zu landen. Wenn man bedenkt: Wir heutigen Menschen können uns ein Leben ohne Schwerkraft doch schon gar nicht mehr vorstellen! Aber der Mann, der sie uns vor 300 Jahren geschenkt hat, durfte selber nicht den geringsten Gebrauch von ihr machen! Sogar seine Tennisbälle mußte er Stück für Stück immer erst kirchlich taufen lassen, damit sie ihm nicht gleich beim ersten Aufschlag wie Staubkörner: – behaupte jedenfalls ich. Und zwar in meinem Buch »Das Tennis-Buch Erwin«. Solange mir's keiner verbietet?

Neuzeit

Und was hat der Mensch seither nicht noch alles erfunden! Den Witzableiter (Erwin Franklin 1752). Die Dämpfmaschine (Erwin Watt 1769). Die Tollnarkose (Erwin Sauerbruch 1820). Den Stummfilm (Erwin Paramount 1894). Die Schallmauer (Erwin Mach 1910). Den Abschaltknopf (Erwin Grundig 1941). Den Notausgang (Erwin Gagarin 1957). Den siebten Bildungsweg (Erwin Möllemann 1988) – und auf dem habe ich das alles gelernt.

Dr. Erwin G. Schichte
Professor für Tennis- und Allgemeinplätze an der Tennisakademie Offenbach

Folgeschäden

Jack the Ripper hat einmal gesagt: »Sport ist Mord.« Nun, auch hier hat der Massenmörder ein wenig übertrieben. Sport ist lediglich die wohl schwerste Form von Körperverletzung. Und Tennis macht da keine Ausnahme. Allgemein bekannt ist der Tennisarm, eine Extremitätenschwellung, der mit Amputation leicht ab-geholfen werden kann. Wesentlich unangenehmer sind dagegen Folgeschäden in einem Bereich, der uns gewöhnlichen Sterblichen zur Aufbewahrung des Hirnes dient, Tennisbällen dagegen oft im Wege ist. Ich möchte mir das Vergnügen nicht nehmen lassen, Ihnen hier die sieben scherzlichsten Verunstaltungen in Wort und Bild vorzustellen.
Nun seien Sie doch froh! Dann brauchen Sie sich die doch nicht selbst vorzustellen!

Der Tennishals
kommt davon, daß der Spieler immer guckt, ob sein Ball ins Aus gegangen ist.

Die Tennisbrauen
wachsen noch und nöcher, je mehr der Spieler ins Schwitzen kommt.

Die Tenniszunge
wird immer ein bißchen kürzer, je öfter man bei hoffnungslosem Rückstand die Zähne zusammenbeißt.

Die Tennisnase
könnten Sie sich selbst erklären,
hätten Sie nicht diese schrecklichen . . .

Tennisaugen
die man kriegt, wenn man dauernd auf den Ball guckt.

Die Tennishaare
stehen ihm zu Berge, wenn er sieht,
wie weit sein Ball ins Auge gegangen ist.

Tennisohren
sieht man so selten, weil sie so klein sind. Aber Sie sollten ja sowieso nicht auf mich hören, sonst wären Ihnen diese Mini-Miesmuscheln ja wohl erspart geblieben.

Dies schreibt Ihnen hinter dieselben
Ihr Prof. Dr. Sauerbreak

Zauberhafte BABETTE

Eine Tennisstunde in 3 Lektionen

2. Lektion: »Schmettern«

In dieser traumhaften Situation schien es mir angebracht, meiner schönen Schülerin nun das Schmettern beizubringen.

Und so schmetterte ich jenes Lied, das alles enthielt,
was ich ihr als Mensch und Tennislehrer zu sagen hatte.

Ihr ergriffenes Schweigen ermutigte mich, weiterzusingen und sie mental aufzubauen.

Innere Kraft würde sie schon brauchen, meine zauberhafte Babette! Denn nun wollte ich um ihre Vorhand anhalten.

Wird Babette ihr Glück überhaupt fassen können? Oder darf Tennis in einem Boot gar nicht unterrichtet werden? Und was wird aus dem angeblichen Tennislehrer?

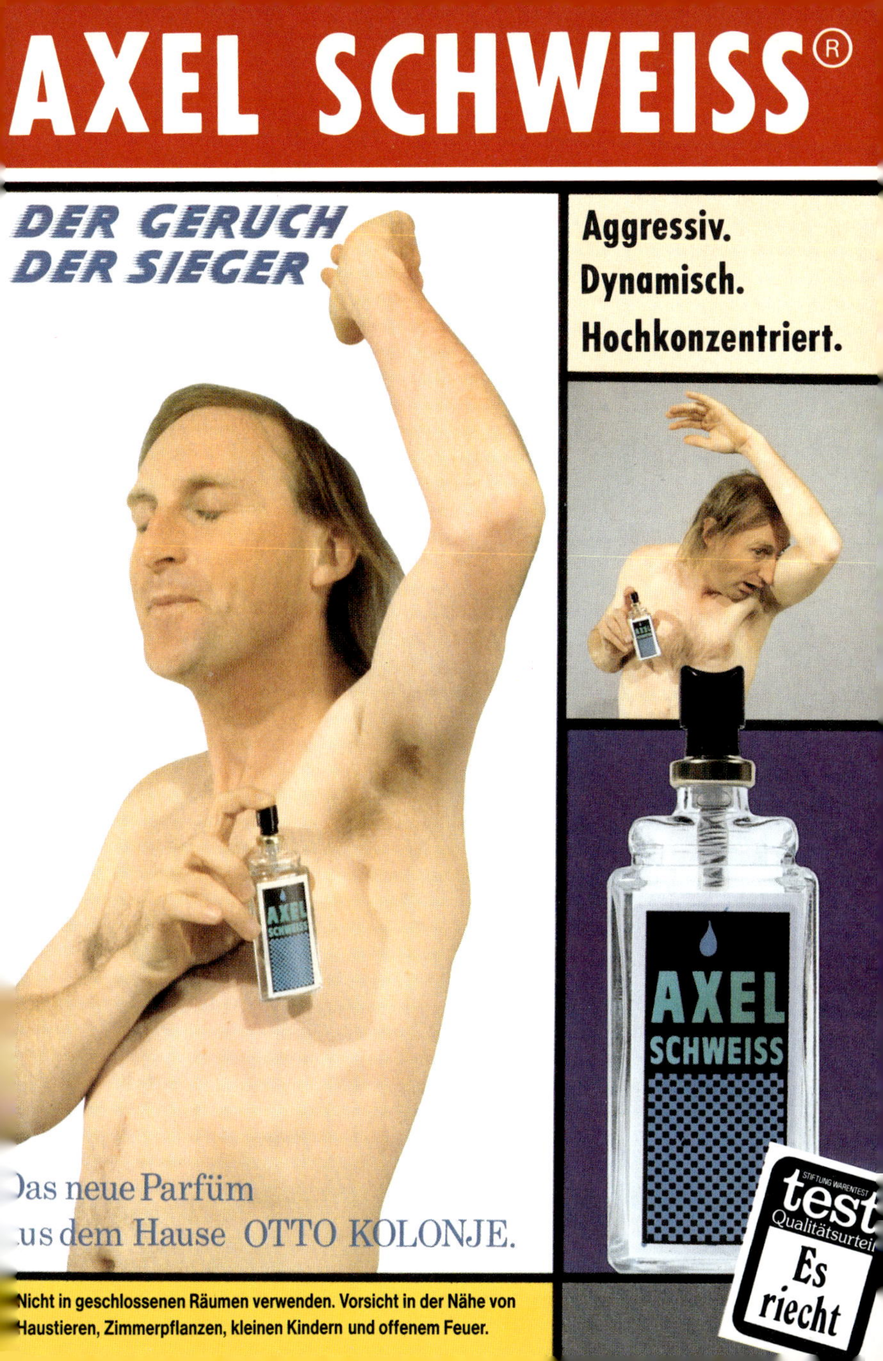
AXEL SCHWEISS®
DER GERUCH DER SIEGER
Aggressiv.
Dynamisch.
Hochkonzentriert.
AXEL SCHWEISS
AXEL SCHWEISS
Das neue Parfüm
aus dem Hause OTTO KOLONJE.
Nicht in geschlossenen Räumen verwenden. Vorsicht in der Nähe von Haustieren, Zimmerpflanzen, kleinen Kindern und offenem Feuer.
STIFTUNG WARENTEST
test
Qualitätsurteil
Es riecht

Als herausragender Flegel der internationalen Tennisszene galt jahrelang der Rumänienfriese Wilja Extase. Hier Auszüge aus seiner letzten Pressekonferenz:

Hallo, meine Freunde von der Presse! Da sitzt ja der ganze Schmierfinkenchor wieder brav auf der langen Leitung! Eigentlich seid ihr gar nicht so übel. Jedenfalls bei weitem nicht so übel, wie mir wird, wenn ich Euch sehe.

Was wollen Sie wissen? Ob ich einen Kommentar abgeben will? Ich gebe überhaupt nichts ab! Ich gebe noch nicht mal meinen Kindern was vom Schokoladenpudding ab, und da kommen Sie … haha! Aber ich kann Ihnen gerne mein Handtuch borgen, damit Sie wissen, warum Sie mich nicht riechen können.

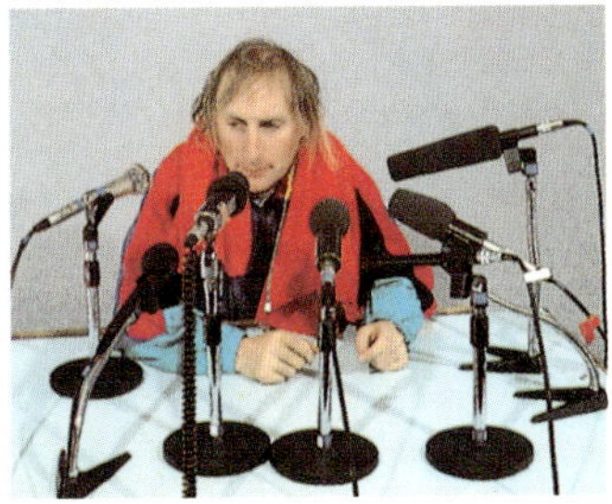

Der Spielverlauf! Der Spielverlauf! Habt Ihr denn nichts außer Tennis im Kopf?! Ich habe gewonnen, jawohl!

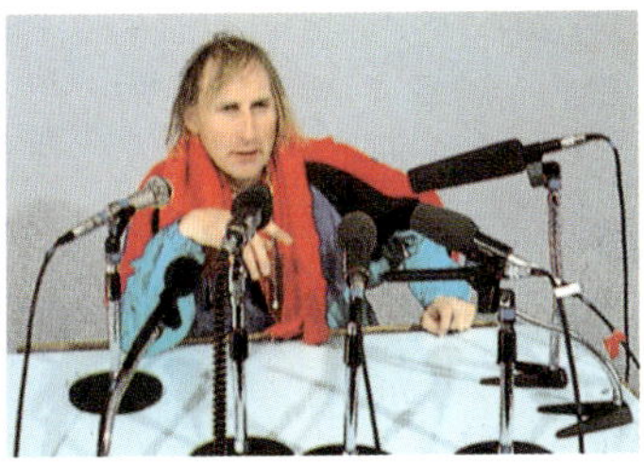

Und zwar einen tiefen Einblick in die Korruptheit und Ungerechtigkeit der Welt.

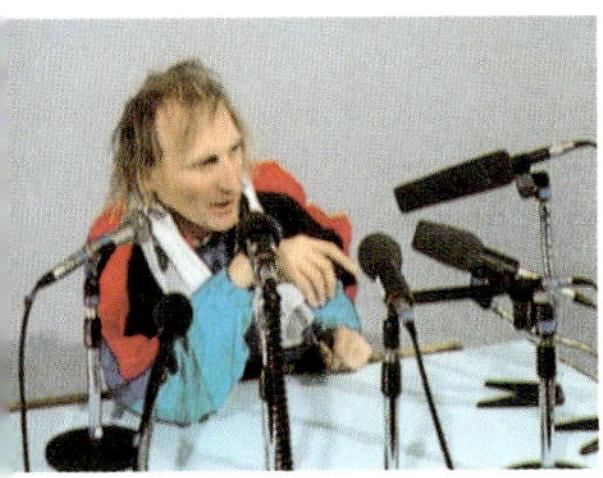

Oder fällt Euch etwa ein Grund für meine Niederlage ein? Na also. Aber Euch fällt ja sowieso nix ein. Bis auf das Kartenhaus Eurer Ammenmärchen und Lügengespinste.

Was? Na, Sie werden doch wohl nicht bestreiten wollen, daß ich ihn geschlagen habe! Ja, natürlich den Schiedsrichter. Wen denn sonst? Wem habe ich denn diese unverdiente Niederlage zu verdanken? Mitdenken, Leute!

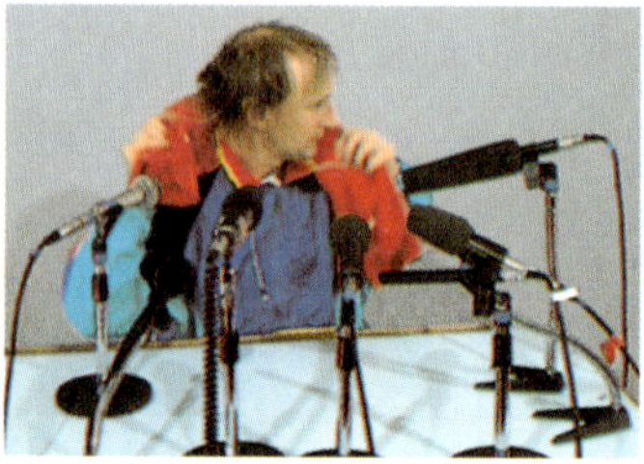

Jawohl, ich habe verloren! Ich habe meinen Glauben verloren! Ich kann nämlich einfach nicht glauben, daß diese Flasche von einem Gegner dauernd die Punkte gekriegt hat. Wie hieß der überhaupt?

Ach, dahinten die Dame mit der Klobürste auf dem Kopf hat auch was zu sagen? Wie? Fair geht vor? Aber immer. Und ich geh' hinterher. Ganz richtig. Ich geh' hinterher einen saufen. Sonst noch was? Wie? Ich hätte die Zuschauer beleidigt? Also wenn ich den Mittelfinger

triumphierend nach oben strecke, dann bedeutet das nur, daß ich prüfe, von wo der Wind kommt. Sie wissen schon, dieser tierisch stinkende Duft, den so eine Horde aufgeregter Brüllaffen ausströmt.

Andere Fragen fallen Ihnen wohl nicht ein? Alter, Augenfarbe, Hobbys? Gar nichts? Mein Hobby ist übrigens beten. Ich bete nämlich ständig, daß mir mal eine intelligente Frage gestellt wird.

Was haben Sie gesehen? Soso ich soll also im 2. Satz mein Portemonnaie gezückt und dem Linienrichter öffentlich Geld angeboten haben, damit er bei mir ein Auge zudrückt. Also erstens war das im 1. Satz, wenn wir schon über Fakten reden, und zweitens konnte der Mann überhaupt kein Auge zudrücken, weil er dann nämlich völlig blind gewesen wäre, diese einäugige Krähe. Ich wollte ihm lediglich einen kleinen Zuschuß für seine dringend nötige Augenoperation geben.

Nein, ich habe auch meinen Schläger nicht vor Wut zertrümmert! Meinen doch nicht! Den hatte ich mir natürlich vom Gegner geliehen.

er Ausgang des Spiels? Hätte ich Ihnen schon vorher sagen können. Regulär hätte man mich auf Händen vom Platz tragen und den Schiedsrichter disqualifizieren müssen, aber es lief natürlich mal wieder genau umgekehrt. Falls Sie sonst n was über den Ausgang wissen wollen: der ist da hinten! Und wenn Sie sich beeilen, kommen Sie vielleicht gerade noch rechtzeitig zur Schmiergeldauslung. Die Pressekonferenz ist beendet.

Doping-Früherkenntnis

Jeder kennt sie – keiner mag sie: Drogen, die angeblich die menschliche Leistungsfähigkeit verändern und damit den sportlich fairen Wettbewerb verzerren. Es ist eigentlich unbegreiflich – denn wer hat schon Lust, unter Drogen Tennis zu spielen –, aber einige Unbelehrbare versuchen es immer wieder mit Doping der übelsten Art. Unser Problem: Wie können wir in unserem Vollrausch möglichst früh erkennen, daß der oder die auf der anderen Seite des Netzes gedopt ist?

Bei männlichen Gegenspielern sind es oft nur Kleinigkeiten, die uns den wahren Zustand des anderen verraten: die ungewöhnliche Schlägerhaltung *(Joint Grip)*, eine gewisse Abgehobenheit *(Eight Miles High)* oder ein geradezu überirdischer Augenaufschlag *(Lucy in the Sky with Diamonds)* sind noch lange keine Gewähr dafür, daß unser Gegner wirklich unter Dope steht. Wenn allerdings ein Rechtshänder plötzlich mit links schlägt, dürfen wir sicher sein und um einen schönen Zug bitten.

Bei Damen ist es noch schwieriger, den Gebrauch leistungssteigernder Mittel nachzuweisen. Das männliche Sexualhormon verändert ja die damenhafte Erscheinung kaum: Eine tiefe Stimme z. B. hatte schon Zarah Leander, ein gepflegter Dreitage-Damenbart kann auch reine Modetorheit sein, selbst extreme Brustmuskulatur ist an sich noch kein Beweis für unerlaubtes Doping. Beobachten Sie deshalb Ihre Gegnerin genau, besonders während der Spielpausen: Greift sie zu einer Herrenzeitschrift, ist sie überführt, und Sie können sich das Blatt – nicht wegen der Bilder natürlich, nur wegen der interessanten Artikel – von ihr ausleihen, sobald sie es ausgelesen hat.

Er suchte ein Tennistalent.
Er fand es auf dem Tennisplatz.
Jetzt fehlte ihm nur noch die passende Partnerin.

OTTO · DER TENNISFILM

Teil 2 von und mit Otto Waalkes

co-starring (in der Reihenfolge ihres Auftretens)

in alter Freund .... Udo Lindenberg
in englischer Genetiker .... Phil Collins
in Frauenbesitzer .... Dieter Thomas Heck
in Heiratswilliger .... Rudi Carell
och ein alter Freund .... Gerhard Polt

Ein Frauenkenner .... Friedrich Nowottny
Eine bekannte Frau .... Hella von Sinnen
Ein neues Tennistalent .... Steffi Graf
Das alte Tennistalent .... Boris Becker
Ein falscher Pfarrer .... Otto Waalkes

sowie Matrosen der MS »Kickers Emden«,
sechs Chinesen ohne Kontrabaß,
eine Chinesin
weitere Frauenkenner
und erstmals: meine Frau .... Manuela Waalkes

Jede Ähnlichkeit mit tatsächlich lebenden Prominenten
wäre rein auffällig und stört mich gar nicht.
O.W.

Die Suche ging also weiter. Wenn ich doch noch reich und berühmt werden wollte, mußte ich eine Frau und Partnerin finden für Boris. Doch als erstes fand ich nur meinen alten Freund Udo wieder, mitten auf offener Bühne:

mmst
?
... mit dem Sonderzug aus Pankow ...
Mensch, Otto, hörst Du nicht, daß ich gerade singe?
Udo, siehtst Du nicht, daß ich Dir was zu sagen habe?
13
14
15
16

KODAK 5037 EPT
KODAK 5037 EPT
KODAK 5037 EPT
KODAK 5037 EPT
sy? Hört
Trouble
ich
n netten
uenher-
Deinen
ung
Udo hatte nicht übertrieben: Diese Frau war ein Hit!
Die hab ich günstig gekriegt ...
Die könnte ich mir sowieso nicht leisten ...
Die bin ich günstig losgeworden ...
Wie günstig, daß mich der rechte ersteigert hat und nicht der linke ...

KODAK 5037 EPT
KODAK 5037 EPT
KODAK 5037 EPT
Aber wirklich ...
Oder gehe ich jetzt zu weit?
Siehste!
Ja, das geht wirklich zu weit!
Sorry, ich hätte das nicht fragen sollen – jedenfalls nicht in Gegenwart Deiner Frau ...

Das nächste Mal sprach ich jemanden an, der gerade allein stand.
Zuhause schon...
Rudi, hast Du eine Frau?
Nicht doch! Wie peinlich...

KODAK 5037 EPT
Ich machte mich sofort auf die Reise. Der Landweg war leider verschneit und sehr schlecht ausgeschildert.
Hilfe! Ich mach hie
gleich die Grätsch

r wenn das ein
sein sollte,
ch mich sofort
en!
Der Frauenmarkt in Deutschland war anscheinend leergefegt. Ich fragte einen weitgereisten Freund.
Hör mal, Gerhard, wo finde ich eine Frau?
Du? Möglichst weit weg, wo Dich keiner kennt, in China z. B.

Mußte ich also den Seeweg nehmen und versuchte es an der Südostasien-Linie per Anhalter.
Na endlich kommt mal ein Dampfer...
Hurra! Er hält an!

Der Frachter »MS Kickers Emden« nahm mich mit auf große Fahrt.

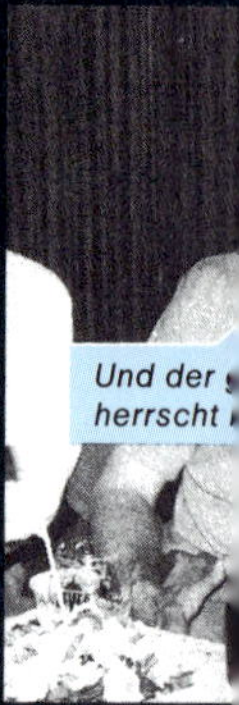

Das Lachen sollte mir bald vergehen: In China gab es eine Frau bloß noch im Achterpack, völlig überteuert! Plus:

China! Da muß ich hin!
China!? Der will uns wohl verarschen ...
Frauenmangel!? Ihr wollt mich wohl ver-arschen ...
Sichs Chinisin mit 'm Kintribiss!
Er sieht bloß so aus!
Völlig überteuert – ich bin doch nicht bescheuert!
Sochs Chonoson mot 'm Kontroboss!
Ich hol' ihn nicht, den Kontrabass ...
Sechs Chenesen met 'm Kentrebess!

Zurück in Deutschland schnappte ich etwas Interessantes auf:
Ich kenne eine Frau, die macht jeden Scheiß mit!
Interessant!
Für mich tut die alles!
Interessant...
Eben, für jeden!
Ach, die Hella...
Von Sinnen? Komischer Name... Prost!
Prost ist aber auch ein komischer Name...
Ich wollte Ihnen nämlich etwas anbieten...
Hoffentlich was, das aussieht wie er: zum Anbeißen!
Mein Angebot: Sie bekommen von mir täglich so viel Butterbrötchen mit Eiersalat bis Sie »stop!« sagen, wenn Sie dafür –
Dafür m
wo soll
schreib

Für mich auch?
Klar. Für ein Butterbrötchen mit Eiersalat macht die alles!
So ein Pech...
So ein Glückspilz!
Zufällig habe ich gerade das Passende dabei!
Tatsache! Sie heißt übrigens...
at hat sie
varum
och?
Ich hab' schon wieder Kohldampf...
Verzeihung, warum knurren Sie so?
Grrrrrrrrr...
s –
He, Leute, ich hab' die Richtige für meinen Boris!
Boris... klingt irgendwie eßbar, wie Borschtsch!

In meiner Verzweiflung ging ich wieder einmal auf den Tennisplatz, um Boris von meinen geplatzten Hoffnungen und verpatzten Gelegenheiten zu erzählen. Der war aber gar nicht da – stattdessen:

Ich Unglücklicher! So nah am Ziel – und dann dies!
. . . täglich Butterbrötchen mit Eiersalat – es wär' so schön gewesen . . .

Nö. Das ist doch so'n kleiner Schwarzhaariger, der nicht Tennis spielen kann?
Im Gegenteil: Boris ist groß und blond und spielt Tennis wie ein junger Gott!

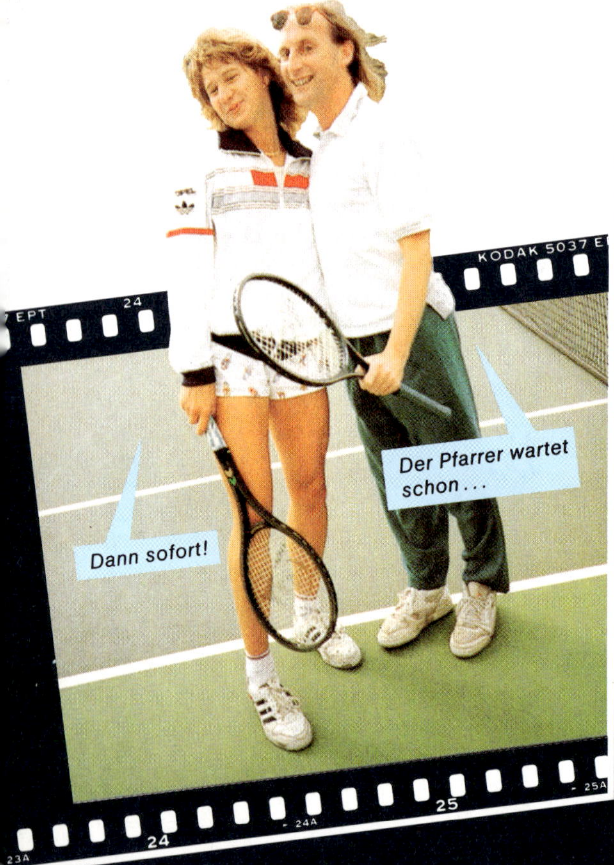
Der Pfarrer wartet schon . . .
Dann sofort!

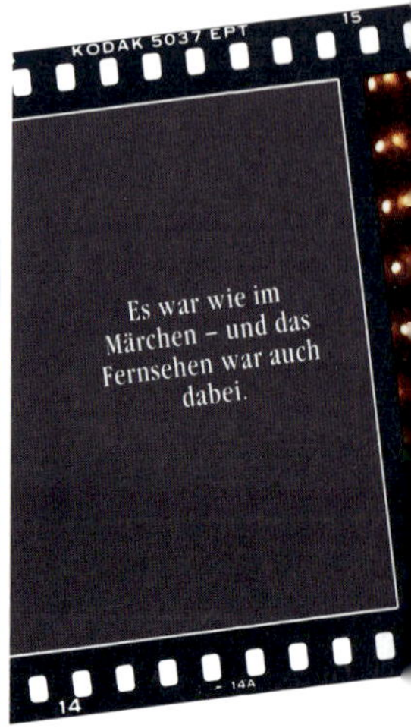
Es war wie im Märchen – und das Fernsehen war auch dabei.

Aber das geht doc
nicht mehr!

Ich war zu spät gekommen. Und wer zu spät kommt, den bestraft der Tiriac. Drei Jahre umsonst geackert – das heißt: nicht ganz umsonst. Außer Spesen war zwar nichts gewesen – aber wer die bezahlen soll?
Ach, vergessen Sie's. Das Spiel ist aus. Auch der letzte Satz geht zu ENDE

Die Tennis-Hymne

Tennis, Tennis über alles,
Über alles in der Welt,
Für das Schlagen eines Balles
Gibt's sonst nirgends so viel Geld.
Ist der letzte Ball getroffen,
Räumt der Gegner fair das Feld,
Dann wird gnadenlos gesoffen:
Auf den neuen Tennisheld!

Instinktiv ein kühler Killer
Und mental total vertiert,
Nervenstark im Tie-Break-Thriller,
Auf Vernichtung programmiert:
Siegfixiert mit allen Sinnen,
Bis ins Kleinhirn motiviert.
Wer viel denkt, kann nicht gewinnen,
Wer nicht siegen will, verliert.

Beinarbeit und Vor- und Rückhand,
Netzangriff und Schmetterschlag,
Blut im Schuh und Schweiß im Schweißband,
Ja, so geht es Tag für Tag.
Ob auf Rasen oder Asche –
Wichtig ist nicht der Belag,
Hauptsache, die eigne Tasche
Füllt ein größrer Geldbetrag.

Tennis, Tennis über alles,
Über alles in der Welt!

Leicht aus dem Handgelenk geschlagen,
cross gebraten und hart serviert:
DIE FÜNFSATZ TERRINE
für Tennisfans.
Natürlich aus dem Hause
Magginet
Würgen wie Wilander!
Leiden wie Lendl!
Stöhnen wie Seles!
Magginet
DIE FÜNFSATZ TERRINE
Klare Kloßbrühe aus dem Hause
DIE FUNFSATZ TERRINE für Tennisfans schaffen nur die Besten.
Einfach kloßartig!

Otto's Kleine Kulturge

Der Ball stammt ursprünglich aus Balinesien. Das verrät uns leider schon sein Name. Hätte er's nicht verraten, wäre die ganze peinliche Geschichte wahrscheinlich rausgekommen.

hichte des Tennisballs

Aber es waren tatsächlich balinesische Perlentaucher, die mit ihren gewöhnlich kräftigen Lungen schon sehr früh – also meist so gegen vier Uhr morgens, wenn sie volltrunken aus ihrer jeweiligen Bali-Bar nach Hause getorkelt

und ins Bett gefallen waren – so grauenhaft laut schnarchten, daß sie von ihren genervten Balinesierinnen ein Stück flüssigen Kautschuk auf den Mund geklebt bekamen. Doch die routinierten Südseesäufer schnarchten besinnungslos so heftig weiter, daß sie zwar keinen Laut mehr von sich gaben, aber die Masse auf ihrem Mund in Windeseile zu einem Ball aufgeblasen hatten. Ein junger Bursche, wenn er nur ordentlich abgefüllt war, vermochte damals in einer Nacht bis zu 17 Medizinbälle, 52 Fußbälle, 27 Basketbälle, 216 Tischtennisbälle und 66 Tennisbälle herzustellen, ohne daß er auch nur das Geringste davon merkte.
Gegen Mittag tauchte er dann wieder in seine eigentliche Berufswelt ein, während die Frau sich durch den Verkauf der Bälle ein hübsches Sümmchen hinzuverdiente.
Leider verjubelte sie das Geld sofort für bunte Stoffe, und deshalb tragen die schönen Balinesierinnen außer der landesüblichen Perlenkette seither auch noch diese knallbunten Tücher. Man mag das ein wenig bedauern oder auch sehr.
Die Bälle waren übrigens ziemlicher Schrott. Da gab es allzu Gurkenförmiges darunter, unsägliche Eier und Schweinsblasen, und das meiste hielt auch nur ein paar Stunden. Aber was will man von besoffenen balinesischen Ballbläsern auch anderes erwarten!
Heute sind die Bälle, und insbesondere die Tennisbälle, von erstaunlicher Qualität. Sie werden von hochqualifizierten Fachkräften sorgfältig hergestellt, und Ballbläser, die während der Arbeit besoffen sind, werden sofort entlassen. Jedenfalls sofort nach ihrer Pensionierung. In hochspezialisierten Fabriken rollen die Bälle heutzutage in Sekundenabständen vom Band. Dann muß man sie natürlich wieder aufheben, aber leider rollen sie immer wieder runter, was wegen ihrer runden Form offenbar gar nicht zu vermeiden ist. Man hat es 1978 in Oklahoma mit würfelförmigen Bällen versucht, die allerdings »vom Endverbraucher in der Form nicht angenommen wur-

den« (Fabrikbesitzer John P. Rally, kurz bevor er sich von einem Schiedsrichterstuhl stürzte), obwohl sie rein produktionstechnisch einen »irren Innovationsschub« bedeuteten.

Schwierig war immer die Sache mit dem Filzüberzug. Standen zu Beginn des Jahrhunderts noch die riesigen Filzlausfarmen im Norden Englands zur Verfügung, so kamen Mitte der zwanziger Jahre auch noch die viel riesigeren aus dem Süden Englands hinzu! Das hatte zur Folge, daß Tennisbälle aus englischer Produktion jahrelang den Weltmarkt überschwemmten. Die Engländer konnten es sich leisten, ihre Millionen Rohbälle wochenlang durch die Filzlauskolonien zu kugeln und dann noch 12 Jahre in Filzlaus-Urin reifen zu lassen. Das waren dann natürlich Qualitätsprodukte! Wenn man so was arsch Lahmes mag. – Erst als unter dem Schlachtruf »Loden frei!« die deutsche Filzindustrie ihren Fuß auf die Monopolisten-Insel setzte und mit dem verschärften Einsatz seegestützter Pantoffeln und Tiroler-Hüte drohte, kam es zum Handelsfrieden von Filzborough. Seither dürfen an einem Tennisball überall auf der Welt nicht mehr als 112 Filzläuse arbeiten, und sie müssen ihren Job in zwei Minuten erledigt haben.
Na ja, so hart ist das auch wieder nicht. Schließlich dürfen sie ja diese geschwungene Naht frei lassen. Wichtig und ein großer Fortschritt, sind beim fertigen Tennisball die international vorgeschriebenen Qualitätskontrollen. Vor allem der Dotz-Test und die Platz-Prüfung. Die Aufdotz-Frequenz eines regulären Balls muß heute mindestens 28 Bobeba (Bodenberührungsbatscher) betragen. Wenn man das nur mal mit den balinesischen Gurken von früher vergleicht! Aber macht natürlich wieder mal keiner. Die Platzwerte liegen übrigens noch höher. Ehe diese hochmodernen Bälle mal vor Wut platzen, muß man sie wirklich massiv beleidigen.

Gell, ihr hohle, nichtsnutzige, verfilzte Blase!?

Es steht jetzt in der Bütt bereit: Ein Tennisfan zur Faschingszeit!

Nahallatango!

Ich bin ein Fan, ein echter Kenner,
der maßlos leidet, wenn er
auch nur ein einzisch Spiel verpaßt.
Ich bin ein Tennis-Enthusiast.
Ob Schaukampf oder Davis-Cup,
ich mache nie vorm Matchball schlapp.
Des bin ich mir auch schuldig, denn
ich bin ein Tennis-Superfan.
Ihr glaubt vielleicht, des wär was Leichtes.
Da glaubt Ihr völlig falsch. Mir reicht es.

Ich könnt grad uff de Fernseh spucke,
ich muß schon wieder Tennis gucke!

Nichts schadet mehr wie Tennissport.
Er nimmt uns die Familie fort,
er raubt den Schlaf und auch die Kraft.
Im Grund' gehört er abgeschafft.
Die spiele nur so viel Turniere,
daß i c h mei Kondition verliere.
In Melbourne tun ses ganz gezielt,
da werd erst nachts um vier gespielt.
Und vierzehn Tage US-Open,
da muß mer sisch ja selber dopen.

Ich könnt grad uff de Fernseh spucke
doch leider muß ich weidergucke.

Und was ich dann da sehe muß,
des is ja auch kein Hochgenuß.
Ich opfer meine Lebenszeit,
und die ham wege Punkte Streit!
De Ball war drin, de Ball war out –
ja, hättste halt mal hingeschaut!
Doch kaum daß ich mei Brill'sche such
gibt's wegen Regen Spielabbruch.
Die Spieler sitze warm und trocke,
und ich muß vor dem Testbild hocke.

Ich könnt grad uff de Fernseh spucke,
doch schon heißt's wieder weidergucke

Was die da all für Gründ anführe,
bloß weil se mal ein Spiel verliere.
Mal war's de Rasen, mal de Sand.
Mal Krampf im Bein, mal in de Hand.
Der hat's am Arm und die am Zeh –
m i r tut des Kreuz vom Sitze weh!
Die tun ihr Match im Kopf gewinne,
ich fang vor Kopfschmerz an zu spinne.
Und der Pokal, an dem i c h nippe,
is voller Zigarettenkippe.

Ich könnt grad uff de Fernseh spucke,
doch leider muß ich weidergucke.

Jedoch, bevor ich weiter laber:
Auch ich bin ein Rekordinhaber!
Am letzte Mittwoch, zehn nach neun,
da konnte i c h mich einmal freun.
Da warn's genau zehntausend Stunde,
die ich vorm Fernseh mich befunde!
Auf dem Gebiet, sag ich mir, biste
die Nr. 1 der Weltrangliste!
Nur weiß des keiner weit und breit,
wo bleibt da die Gerechtigkeit?

Ich könnt grad uff de Fernseh spucke,
nur leider muß ich Tennis gucke!

An des Geschrei und Rumgestöhne
kann isch misch auch net ganz gewöhne.
Was eim da in de Kopp nei schießt,
wenn mer mal kurz die Auge schließt!
Da kann mer sich des Tennis schenke
und sich en Pornofilm ausdenke.
Mei Alte hat schon rumgeschrien,
ich tät mir Videos reinziehn,
statt meine eheliche Pflichte
mit ihr gemeinsam zu verrichte.

Ich könnt grad uff de Fernseh spucke,
doch leider muß ich weidergucke.

Zauberhafte BABETTE

Eine Tennisstunde in 3 Lektionen

3. Lektion: »Umgreifen«

Jetzt konnte ich nur noch den Hut ziehen vor mir und meinem pädagogischen Talent.

Würde ich die zauberhafte Babette endgültig ins Netz locken können?

Doch ihr strahlendes Lächeln verriet mir, daß ich der glücklichste Tennislehrer im Boot sein durfte.

Sie ließ sich tatsächlich von mir das Umgreifen beibringen? War dies der Beginn einer wunderbaren Erbschleicherkarriere? Ich fürchte, nein.

Podiumsdiskussion zum Thema:

Ist das Barren von Kleinkindern wirklich sinnvoll?

Es nehmen teil (von links nach rechts):
Michael Stichwort, Tennisprofi
Frau Dr. Doppel-Fehler, Vorsitzende des Kindergenesungswerkes
Fürst Service, Ehrenvorsitzender der Deutschen Tennishilfe
Hochwürden Kross, Halbfeldkaplan
Franke Notschlacht, Landwirt und Pferdezüchter

Michael Stichwort:

Ich verstehe die ganze Aufregung gar nicht. Natürlich muß man Kleinkinder, wenn sie mal gute Tennisspieler werden wollen, als Anfänger tüchtig barren. Wann denn sonst? Wenn sie erst Nummer eins der Weltrangliste sind, ist es doch viel zu spät! Nein, das frühe Barren hat noch keinem Kleinkind geschadet – mir doch auch nicht! Ich erinnere mich noch sehr gut an meinen ersten Tennislehrer ... wie hieß der doch gleich? Egal, der schickte uns Jungs immer auf den Trainingsplatz, zum Einkaufen, wie er sagte: für fünf Pfennig Haumichblau, haha! Und da wartete schon sein Assistent Maxe Mai und haute uns mit einem Baumstamm auf die Schienbeine, jedem fünfmal. Und dazu sang er immer: Der Mai ist gekommen, die Bäume schlagen aus ... Dadurch kriegte die ganze Sache was Spielerisches, total Kindgerechtes. Doch, einmal hatte ich einen blauen Fleck, der hatte genau die Form von Australien! Ha'm mir gelacht! Und wenn sich da nun alle künstlich aufregen drüber – also, das regt mich echt auf ...

Frau Dr. Doppel-Fehler:

Ja, ja, so harmlos klingt das jetzt: Haumichblau ... die Bäume schlagen aus ... Australien ... Aber nun stellen Sie sich bitte mal so ein kleines Kind vor – und wie groß dagegen Australien ist! Bitte, es gibt noch größere Erdteile, gewiß, aber Australien ist immerhin gut 93 mal so groß wie zum Beispiel Schleswig-Holstein. Ich meine das alles andere als polemisch – aber ich komme schließlich aus Kiel und kenne mich aus in diesen Größenverhältnissen. Und außerdem: Immer auf die Schienbeine ... Das ist nicht richtig: Kinder brauchen Abwechslung! Da muß es auch mal was auf die Finger oder ins Bäuchlein geben. Sonst züchten wir doch Schlagidioten. Und wir im Kindergenesungswerk müssen es wieder ausbaden! Jawohl, davon kann ich ein Liedchen singen:

Barren ist für Kinder
eine harte Pflicht!
Wesentlich gesünder
wird man davon nicht!

Fürst Service:

Verstehe Ihre Bedenken sehr wohl, gnä' Frau, habe ja selbst so drei bis vier Söhne und etliche Töchterchen, süß – aber, nicht wahr, aber was mir als Vater unverständlich bleibt, muß ich als Ehrenvorsitzender dieser Dingshilfe ... Tennis, nicht wahr, trotzdem verzeihen: Nichts verstehen heißt alles verzeihen, nicht wahr! Und, nicht vergessen, das Volk verlangt von uns Spitzenleistungen, nicht wahr! Die wollen keine fußkranken Schlappschwänze über den Court schlurfen sehen. Ne, ne, das pp. Publikum hat ein Recht auf putzmuntere, springlebendige Spitzensportler, die nach jedem Ball spurten ... Und das heißt: Hechtsprünge, nicht wahr, Mopsrollen, wenn's drauf ankommt! Und darauf kommt es doch an, wenn wir konkurrenzfähig bleiben wollen! Schauen Sie sich doch die anderen sogenannten Sportarten an: Skifliegen oder Turmspringen oder Motorradrennen meinetwegen: Wie die da durch die Lüfte segeln, geiergleich! Da muß unser Tennis einfach mit draufhalten, knüppeldick ...

Kaplan Kross:

Aus kirchlicher Sicht kann ich nur sagen, ich sehe nicht, was daran verwerflich sein sollte, wenn früh schon die Kinderlein kommen und lernen, daß ihr späteres Tennisleben auch kein Milch- und Honigschlecken sein wird. Schließlich ist auch unser Gründer im Kreuzhang nicht alt geworden.
Es kommt nur darauf an, den unverständigen jungen Dingern den tieferen Sinn dieser Torturen zu erläutern … Wenn Sie mir ein kleines Gleichnis gestatten: Es gab einst einen Tennistrainer, den liebte sein Schüler sehr, denn er belohnte diesen auch nach schwächeren Leistungen, indem er vorhändevoll Zuckerbrot an ihn austeilte. Da war aber auch ein anderer Trainer, der schwang die Peitsche hinterrücks und selbst dann noch, wenn sein Schüler sein Bestes gegeben hatte. Nun begab es sich, sagen wir bei galiläischen Schülermeisterschaften zu Kanaan, daß die Zöglinge der beiden im Finale zusammentrafen. Und der aus der harten Schule schlug jenen aus der weichen glatt mit 6:0, 6:0! Ist es da nicht wahrlich besser, v o r den Meisterschaften geschlagen zu werden anstatt ausgerechnet im Endspiel? Wie?!

Bauer Notschlacht:

Also, von so Gleichnüssen versteh' ich nix, das's mir viel zu hoch – aber von Pferde, da versteh' ich büschen was … Sie glauben wohl, die Viecher würden von selber springen? Gepfiffen! Wenn den' was im Wege steht, dann machen die faulen Biester einfach ein' Bogen rum, echt, die nehm' ein' Umweg, ganz gemütlich! Und dann muß ich ebend ungemütlich werden mit den jungen Pferden. Ich hau sie was vor die Stelzen, und mit ei'm Mal geht das denn: hopp, hopp, hopp … Und nachher springen die dann schon hoch, auch wenn nix mehr im Wege steht: Die brauchen mich bloß von Ferne zu sehen – so schlau sind die immerhin. Und viel dümmer könn' doch Kinner auch nich' sein. Für meine Pferde weiß ich jedenfalls so 'ne olle Bauernregel:

> Mönsch, hast du ein Pferd im Stall,
> hau es einfach überall!
> Tust's du das nich', denn meint die Mähre,
> daß sie schon aus dem Schneider wäre!

Das weiß doch jedes Kind …

Otto meint dazu:

»Ich lehne das Barren von Kleinkindern grundsätzlich ab. Man muß sich von so häßlichen Jungs nicht alles gefallen lassen. Wozu gibt es schließlich große hübsche Mädchen, die auch noch Spaß daran haben . . .«

Ostfriese, kennt kein Wort für Schmerz . . .

Tennis ist ein Sport für die ganze Familie –

es muß ja nicht die eigene sein. Denn der Spaß kann ziemlich teuer werden. So ein Tennistrainer kann in einer Woche mehr Geld kosten als ein Mathematiklehrer im ganzen Jahr… Und Rechnen ist schließlich auch ein sehr schönes Hobby.

1. STUNDE,
in welcher wir systematisch vorgehen und deshalb nicht recht vom Fleck kommen.

Eine Stunde später:

2. STUNDE,
in der wir erfahren, was ein Tennisball nicht ist und was wir damit alles nicht machen können.

3. STUNDE,
in der wir Bekanntschaft mit dem Prinzip des Tennisschlägers machen und das passende Gesicht dazu.

4. STUNDE,
in welcher wir uns den letzten Fragen der Tenniswelt bereits nähern, allerdings noch ganz vorsichtig.

5. STUNDE,
in der uns noch mehr Vorsicht geboten wird.

6. STUNDE,
in welcher wir das vorletzte Geheimnis erfahren, indem wir uns eine verblüffende Gleichartigkeit bieten lassen müssen.

7. und letzte STUNDE,
in der wir zusammenfassen, was wir nicht gelernt haben, auf daß wir das letzte Geheimnis erkennen und hoffentlich für uns behalten.

Gewöhnliche Zahnpasta reicht oft nur für ein paar Meter Grundlinie. Aber wo gewöhnliche Zahnpasta schlappmacht und ausgequetscht wirkt, da ist **Dentoviel·Longline** noch voll da.
Dentoviel·Longline
Dentoviel·Longline

Weiß wie der Sport, dem sie dient

Cheflinienrichter Phil McOneye:
»An meinen Center-Court lasse ich nur ***Dentoviel·Longline****. Etwas anderes kommt gar nicht in die Tube!«*

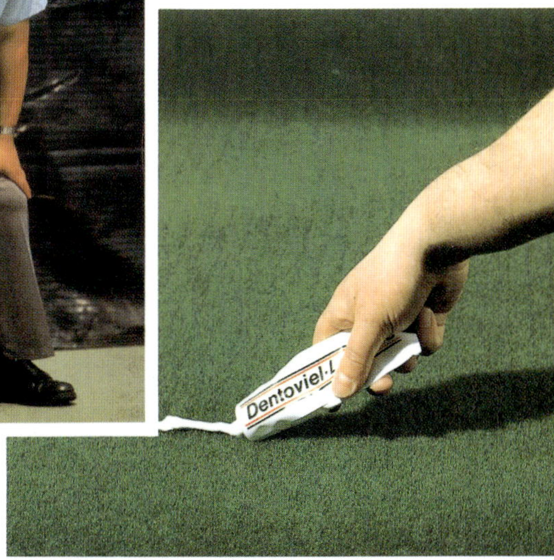

R E K

Das längste Spiel fand 1618 bis 1648 statt. Es dauerte dreißig Jahre und wurde statt mit Tennisbällen mit Kanonenkugeln ausgetragen.

Die zweifelhafteste Schiedsrichterentscheidung fällte John McPhergussen 1984, als er einen Ball gutgab, der zwei Meter im Aus war und den Linienrichter erschlug. Begründung von McPhergussen: »Der Ball war gut. Oder soll ich einen Ball, der den Liebhaber meiner Frau erschlägt, schlecht nennen?«

Den folgenreichsten Fußfehler beging Ibn Ben Hatschi, als er bei den Kuweit-Open 1989 auf eine Mine trat.

Den härtesten Aufschlag hatte Rosi Unglücks-Raabe, als sie beim Alpen-Cup von der Zugspitze fiel.

Den größten Scheck in der Tennisgeschichte bekam 1976 der Australier John Howard, als während eines Spiels gleichzeitig ein Blitz ins Netz einschlug, ein Erdbeben den Platz verwüstete und sein Gegner sich in einen feuerspeienden Drachen verwandelte. Jedenfalls kann John Howard seither kein R mehr sprechen. Schecklich, oder?

Das kürzeste Match fand 1912 auf einem Luxusdampfer im Atlantik statt. Es dauerte zehn Sekunden, und das Schiff trug den Namen einer berühmten satirischen Zeitschrift.

Der älteste Schläger der Welt wird in den USA aufbewahrt. Und zwar in San Quentin, wo der 98jährige Rico Leone, ein ehemaliger Leibwächter von Al Capone, sein sechstes von siebzehnmal Lebenslänglich absitzt.

R D E

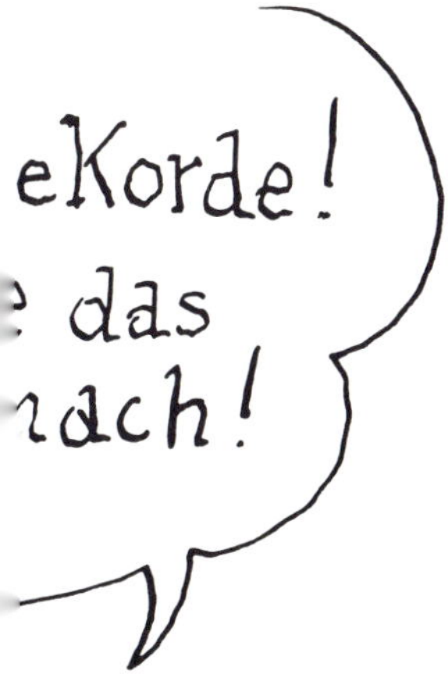

Den besten Platz auf der Herren-Weltrangliste hat man nicht, wie fälschlicherweise oft angenommen wird, ganz vorne, sondern mehr so etwa in der achten, neunten Reihe Mitte – vorausgesetzt natürlich, auf den Platz vor einem setzt sich nicht ausgerechnet einer wie Lulač Ivanisevič oder Goliath Gustafsson.

Der erste Nonstopflug über den Ärmelkanal mit zwei Tennisschlägern gelang dem französischen Flugpionier Ikarus Dupont am 27. Mai 1919. Die beiden Tennisschläger gehörten der sechsfachen Wimbledonsiegerin Chantal Champignon und lagen im Gepäcknetz von Duponts viermotoriger Propellermaschine »Filou de Paris«.

Den schlechtesten Dienst erwies dem Tennissport im Jahr 1977 der holländische Spieler Kees Fus, als er nach seinem Viertelfinalsieg im Grand-Prix-Turnier von Austin (Texas) über den Amerikaner Al Qualtinger seine Turnschuhe auszog und in die Zuschauermenge warf.

Den höchsten Schwarzmarktpreis – nämlich 8000 britische Pfund – bezahlte beim Wimbledonturnier 1964 der greise Lord Spleen VI. of Peepington für eine Eintrittskarte zur Damenumkleidekabine.

Den letzten Platz in der ewigen Weltrangliste der Damen wünsche ich Fräulein Schneiderheinze, meiner früheren Mathelehrerin.

Die mörderischsten Temperaturen während eines Grand-Prix-Turniers wurden 1977 in Austin (Texas) gemessen, und zwar im linken Turnschuh des holländischen Spielers Kees Fus (85 ½ Grad).

Tennis - ein Mienenspiel

Tennis ist auch ein Krieg der Nerven, ein Kampf der Charaktere und oft genug ein Triumph des Wollens über das Können. Jeder, der schon einmal um höchsten Einsatz gerungen hat, weiß, wie wichtig es ist, den Gegner genau zu beobachten, um von seiner Miene abzulesen, wie es um seine Widerstandskraft bestellt ist.

Ein resigniertes Herabziehen der Mundwinkel, ein hoffnungsloser Augenaufschlag gen Himmel, ein mürrisches Zusammenreißen der Brauen, ein ratloses Rümpfen der Nase, ein trotziger Biß auf die Lippen, ein entschlossenes Vorrecken des Kinns, ein hektisches Ohrengewackel – jeder Zug kann verräterisch werden und für unseren Gegner nur allzu aufschlußreich. Sich die eigene psychische Kondition eben nicht ansehen zu lassen ist deshalb das Ziel jedes erfahrenen Tenniscracks. Aber längst nicht jedem gelingt dies.

Grundsätzlich unterscheiden wir zwei verschiedene Spielertypen: Dem einen steht jede Gefühlsregung deutlich im Gesicht geschrieben – der andere bewahrt selbst in extremen Grenzsituationen ausdruckslose Ruhe.

Selten ließ sich dieser Unterschied besser beobachten als im Jahre 1983: da traf in einem Exhibition-Match im Rahmen der Trench Open des exklusiven Mantel Clubs von Burberry der damals noch blutjunge Anfänger Moritz »Grimasse« Mecker auf den abgebrühten Veteranen Björn »Stoneface« Eisborg.

Der Tie-Break des fünften Satzes, den wir hier in bewegenden Bildern der Kontrahenten festgehalten haben, wird schön deutlich machen, daß beide ihre Spitznamen nicht zu Unrecht tragen, sondern vollkommen zu Recht.

Vor dem Finale kaum zu unterscheiden:

Moritz »Grimasse« Mecker (links) und Björn »Stoneface« Eisborg (rechts)

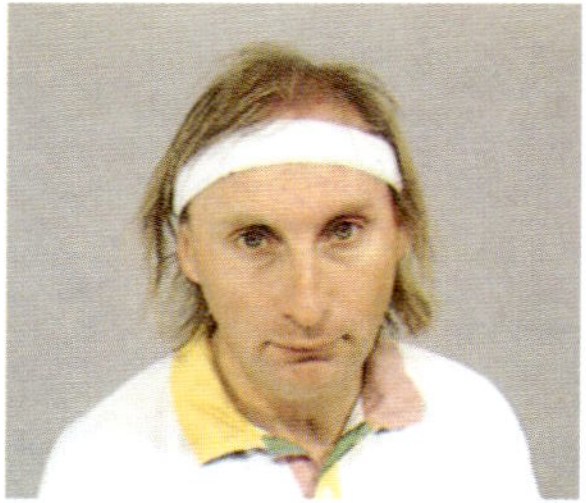

1:0

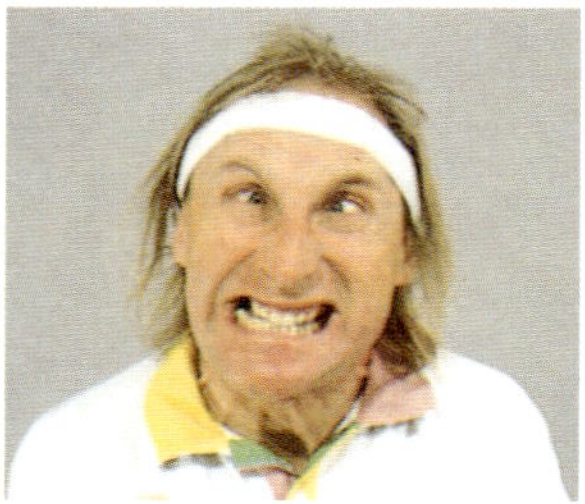

Aufschlag Mecker – Eisborgs Return landet im Aus. Die Freude über das 1:0 strahlt Mecker (oben) aus allen Mundwinkeln und sonstigen Knopflöchern. Während sich Eisborg (unten) keine Spur von Enttäuschung anmerken läßt.

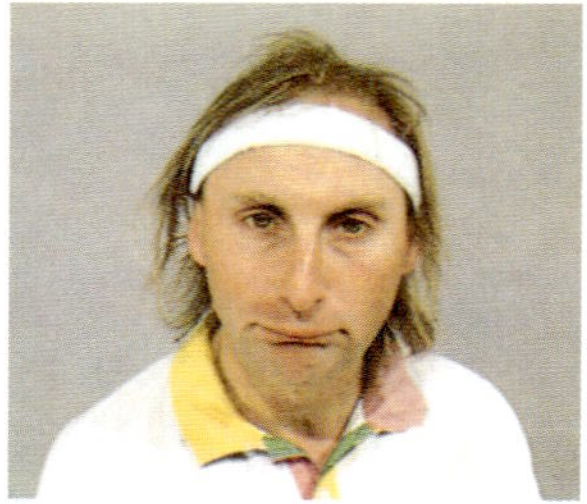

2:0

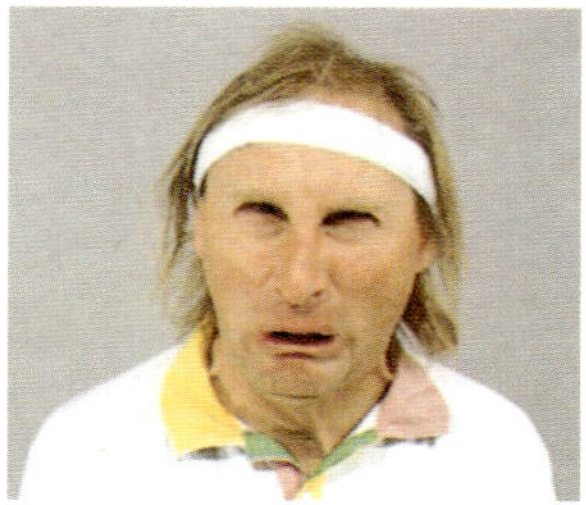

2:0 für Mecker: Dies erste Mini-Break läßt ihn bereits aus vollem Halse triumphieren (oben). Resignation kennt Eisborg anscheinend nicht, er zuckt nicht mit der Wimper, kein Nasenflügel bebt, die Unterlippe zittert nicht (unten).

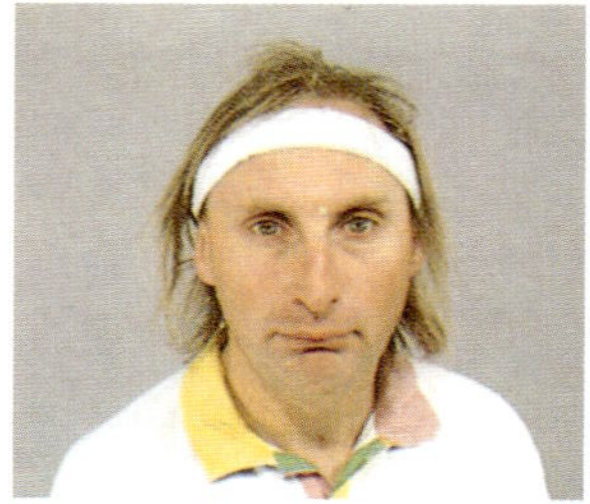

2:1

Eisborg bringt wenigstens seinen zweiten Aufschlag zum 2:1 durch, doch die Erleichterung vermag seine ohnehin entspannten Züge nicht zu verändern (unten). Dagegen senkt die erste kochende Wut Meckers Mundwinkel um mehr als 190 Grad (oben).

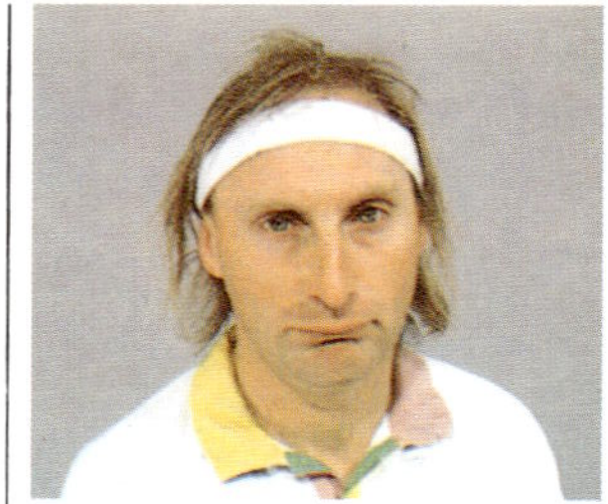

2:2

Mecker verschlägt einen leichten Volley: Enttäuschung sträubt ihm seine Nackenhaare (oben). Mit dem 2:2 ist der Tie-Break wieder offen, doch Eisborgs Miene bleibt verschlossen und das natürliche Frohlocken unter der glatten Oberfläche (unten).

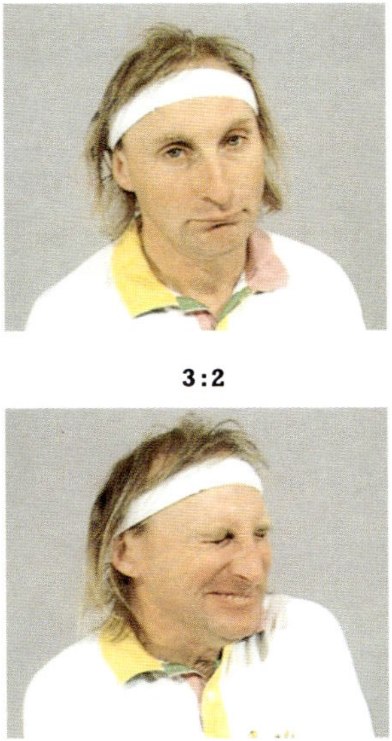

3:2

Das 3:2 ist bei Meckers Aufschlag programmgemäß, dennoch freut er sich wie ein frischgebackener Schneekönig (oben). Während Eisborg seinen Fehler am Netz längst abgehakt hat und natürlich ungerührt zum eigenen Service schreitet (unten).

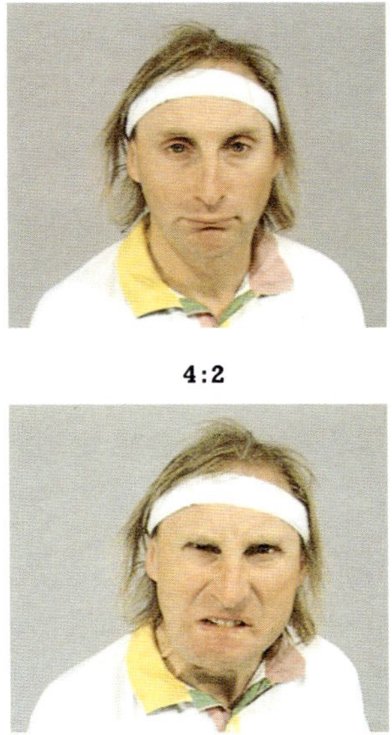

4:2

Ein ungenügend vorbereiteter Angriff Eisborgs bringt Mecker sogar das 4:2, sein Adamsapfel hüpft vor Freude (oben). Eisborg registriert ohne sichtbaren Groll, wie sein Cross an der Netzkante hängenbleibt, und streift sein Unglück mühelos ab (unten).

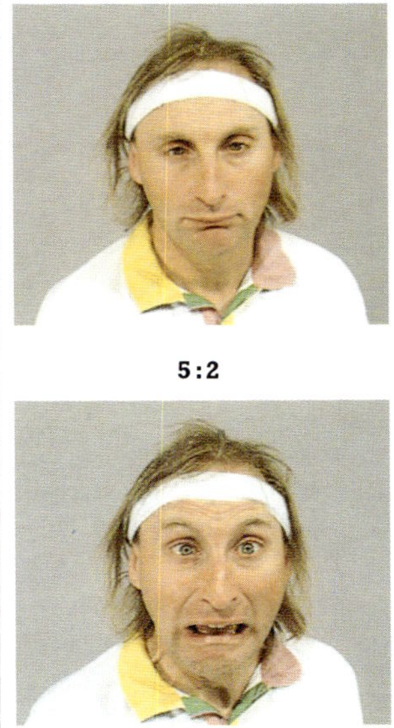

5:2

Nach dem Seitenwechsel unterläuft Eisborg, irritiert von Meckers Triumphgeheul, ein Doppelfehler: Das 5:2 läßt ihn kalt (unten). Meckers klammheimliche Freude wird auch durch eine erste Verwarnung nicht gedämpft (oben).

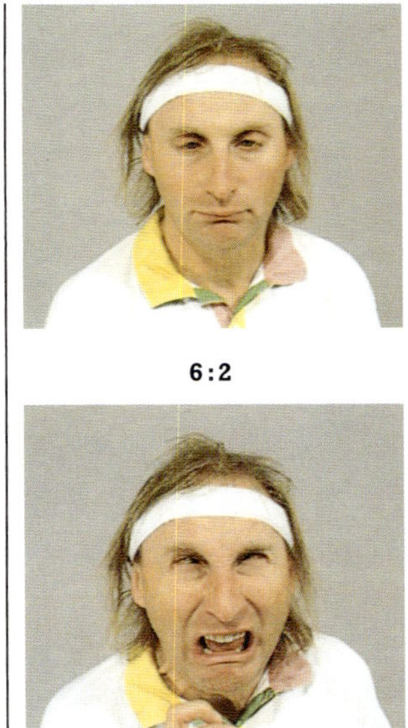

6:2

Mit allem Kraftaufwand gelingt Mecker ein As zum 6:2. Seine Stirn glänzt geradezu vor Siegesgewißheit (oben). Eisborgs »Stoneface« ist keinerlei Furcht vor den folgenden vier Matchbällen gegen ihn anzusehen – im Gegenteil (unten).

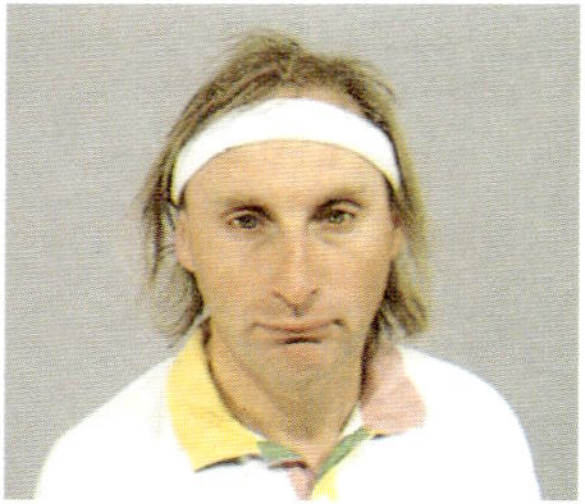

6:3

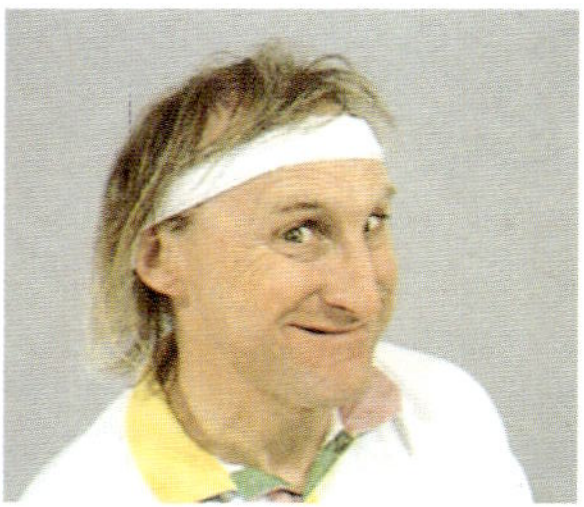

Mecker wird prompt übermütig, geht mit seinem zweiten Aufschlag ans Netz und wird longline passiert. Seine Enttäuschung über das 6:3 ist ihm an der Nasenspitze abzulesen (oben). Im Gegensatz dazu bleibt Eisborg ganz gesammelt (unten).

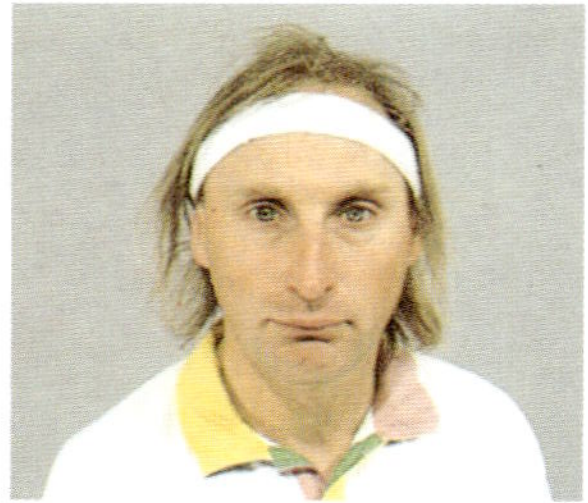

6:4

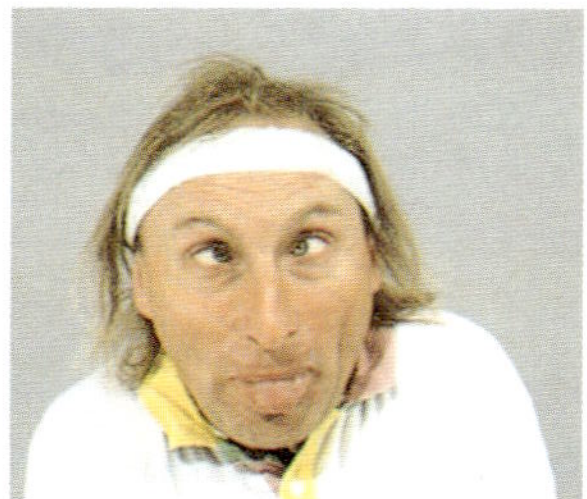

Ein Netzroller führt zum 6:4, nicht jedoch zu einer Glücksregung Eisborgs (unten). Mecker dagegen hadert mit seinem Schicksal wie ein altgriechischer Tragöde – oder ist es Eisborgs Kühle, die ihn so hitzig reagieren läßt? (oben).

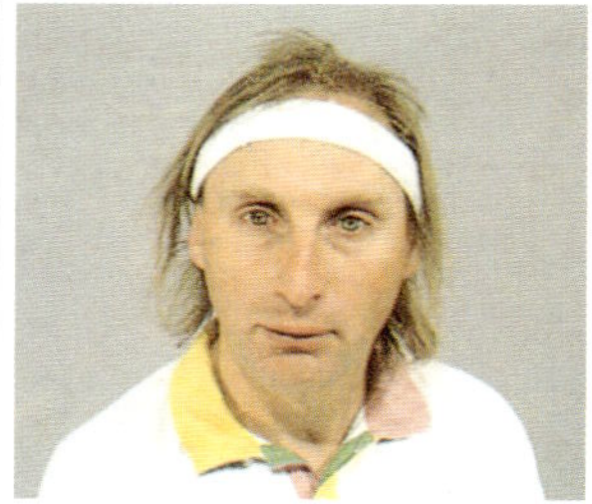

6:5

Eisborg nimmt sein As, das immerhin zum 6:5 verkürzt, wie eine Selbstverständlichkeit hin (unten). Mecker ist deutlich anzumerken, daß er seine geballte Wut, die ihm die Augen verdreht, in seinen letzten Matchball legen wird (oben).

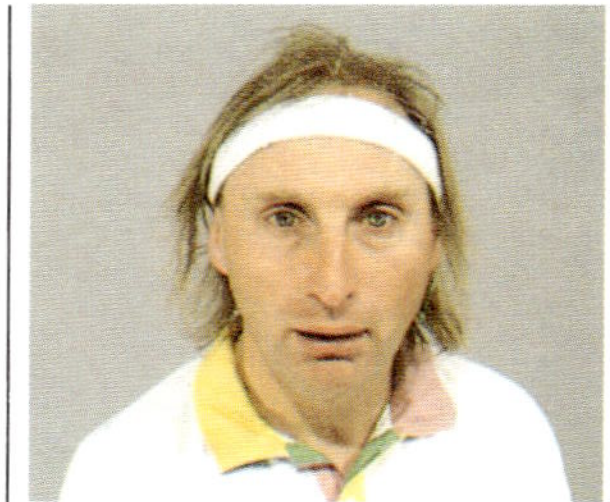

6:6

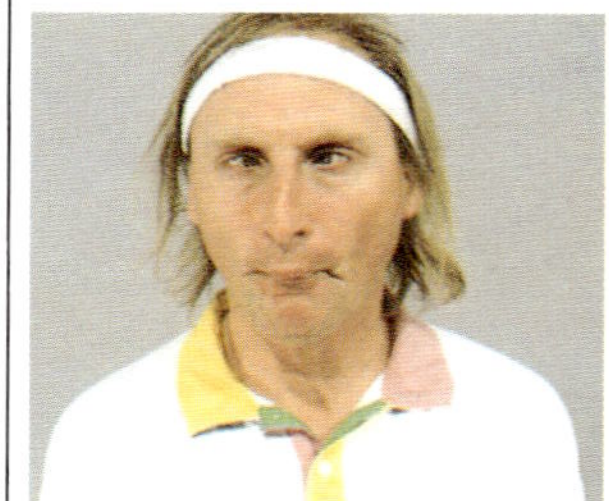

Doch auch den eigenen Aufschlag bringt Mecker nicht durch: 6:6! Beim Seitenwechsel versucht Mecker, Eisborg durch grimmiges Zähnefletschen zu provozieren, und kassiert dafür seine zweite Verwarnung (oben), die Eisborg kaum bemerkt (unten).

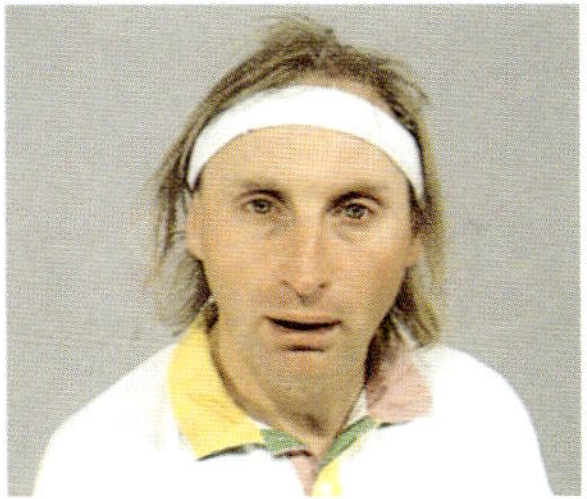

6:7

Für Mecker kommt es noch schlimmer, Doppelfehler: 6:7. Eiskalter Schrecken läßt sein Gesicht in unmenschlicher Verzerrung erstarren (oben). Der Wechsel des Glücks kann Eisborg ebensowenig beeindrucken wie die folgende Siegchance (unten).

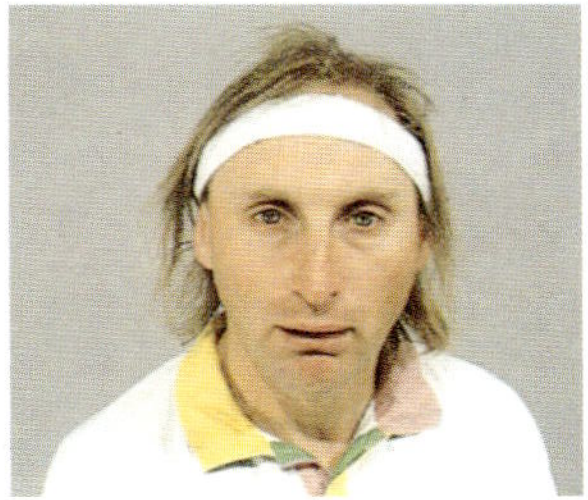

7:7

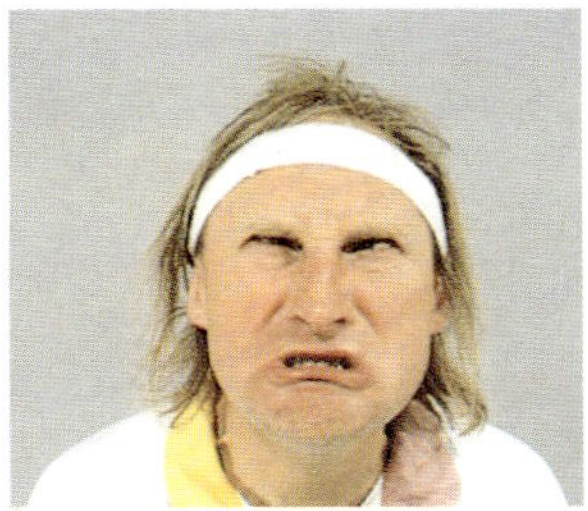

Mecker wehrt Eisborgs Matchball mit einem Jubelschrei ab. Sein Stirnband scheint platzen zu wollen vor unbändigem Stolz (oben). Eisborg wartet äußerlich regungslos, innerlich hoch konzentriert, bis sich der Gegner wieder beruhigt hat (unten).

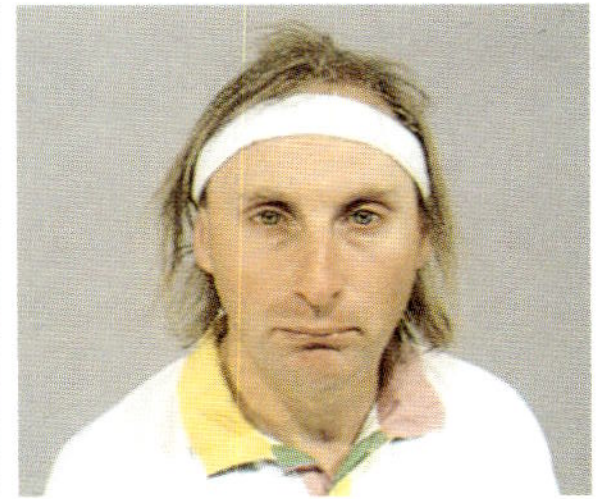

8:7

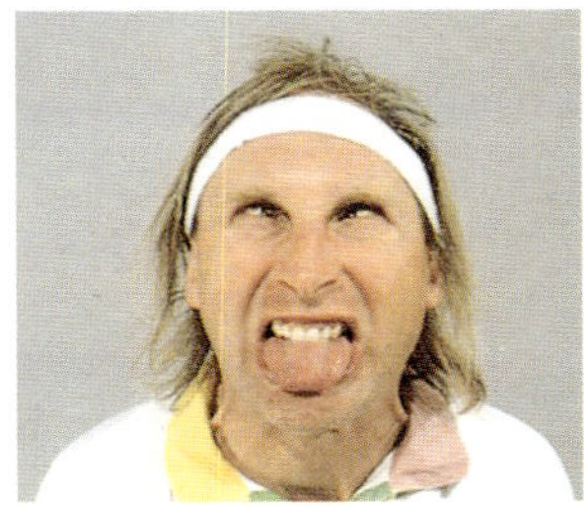

Unglaublich, aber Eisborg bleibt seelenruhig (unten) in dem Hexenkessel, den Mecker durch wildes Augenrollen im Stadion entfesselt hat. Und das beim Stand von 8:7 für Mecker, dem das Wasser der Vorfreude aus den siegessicher grinsenden Mundwinkeln tropft (oben).

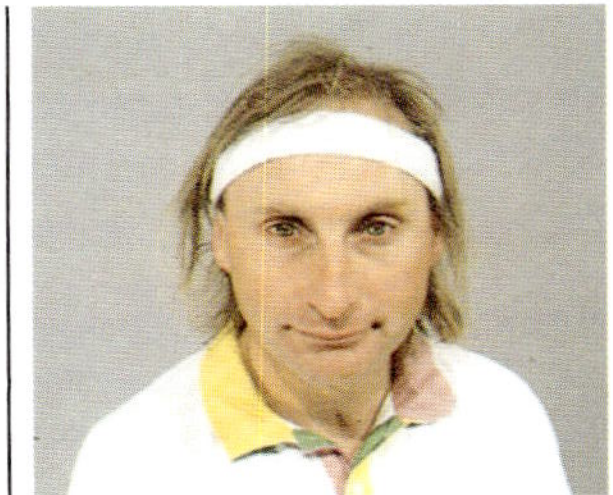

8:8

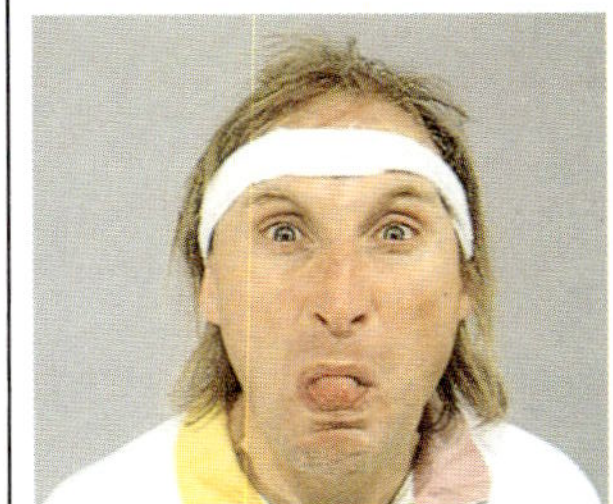

Endstand 8:8 – doch die denkwürdige Partie endet nicht unentschieden: Mecker wird für sein unsportliches Grimassieren endlich disqualifiziert (oben). Da zeigt Eisborg die erste Reaktion und dem Gegner als fairer Gewinner die Zunge (unten).

Stationen im Leben eines

H a r r y H i r s c h

Tennis spielte von Anfang an eine zentrale Rolle in meinem Leben. Der Jugendmannschaft des Tennis-Ballsport-Vereins Frisia war ich eine wichtige Stütze. Wir gingen fast immer baden.

Onkel Hubert bemühte sich sehr, mir einen tödlichen Aufschlag beizubringen. Erfreulicherweise war unsere Wohnung zu niedrig, denn Onkel Huberts Aufschlag war miserabel. Besonders, nachdem er sich den Arm gebrochen hatte.

großen Tennisreporters

p e r s ö n l i c h !

Später bildete ich Balljungen aus. Meine Jungs waren die besten weit und breit. In Rekordzeiten holten sie noch die verschlagensten Bälle zurück. An wirklich ernsthafte Verletzungen bei den prächtigen Burschen kann ich mich nicht erinnern. Wahrscheinlich, weil ich selbst drei Wochen im Koma lag. Trotzdem wurde mir verboten, je wieder einen Golfplatz zu betreten.

ıach arbeitete ich als Honorar-Dichter für den Deut-
en Tennisbund. Mein erster Auftrag war ein Song, der
g, international und schmissig den hohen Stellenwert
Tennis in unserer Gesellschaft verdeutlichen sollte.
: are the champions« wurde weltberühmt. Mein Lied
egen ging so:

»We have joy, we have fun,
we have seasons in the sun.
Ohne Spin, ohne Slice
wär' die Welt ein einz'ger Scheiß.
Doch mit Slice und mit Spin
haut das Leben wieder hin.
(Und jetzt alle!)
Jajaja Tennis! O ja Tennis!
Das ist schöner noch wie wenn is'
Weihnachten und Lottoglück,
weggelaufne Frau zurück.
Schöner als die meisten Sachen,
denn die kann man später machen.
Jajaja Tennis! O ja Tennis. . .«

Weitere Aufträge für den Tennisbund habe ich dann
ıicht mehr angenommen. Allerdings wurden mir auch
eine angeboten.

Statt dessen wurde ich als Prominentenfotograf für die Hörfunksendung »Après-Tennis« tätig. Ich habe sie alle gestochen und scharf auf die Platte gebannt, die Großen der Tenniswelt. Nur mein Herzenswunsch, Gabriela Sabatini einmal nackt zu fotografieren, ist nie in Erfüllung gegangen. Immer, wenn ich mich ausziehe, rennt sie davon. Warum nur?

Aber meine eigentliche Berufung ist und bleibt es, Reporter zu sein. Wenn ich sonntags vor dem Fernseher Platz nehme, den Ton abstelle und all meinen Freunden live die Tennis-Spiele kommentiere, dann bin ich ganz bei mir. Wer sollte auch sonst schon bei mir sein?

Tennismoden

des 20. Jahrhunderts

Die gute alte Zeit. Fair, förmlich, fornehm. »James, legen Sie bitte den Tennis Court aus!« heißt es in besseren Häusern der High-Society nach dem Dinner. Um nicht bei Tische zu platzen, werden die Herrschaften auf den Platz gerollt.

Die wilden 20er. Alles Banane. Man ist ein Topspinner und tanzt den Tie-Break. Netzroller gelten als der letzte Schrei. Die Herren tragen oben ohne, und die Damen tragen ihnen nichts nach. Jedenfalls nicht die Tennishosen.

Bälle müssen rollen für den Sieg. Im Deutschland der 30er Jahre ist Prahlhans Tennismeister. Die Arme hoch, die Beine fest geschlossen. Aber was hat das noch mit Sport zu tun? fragt sich der Rest der Welt und bereitet der schwarzbraunen Modetorheit ein hochverdientes Ende.

Der Krieg hat auch Europas Tennishallen nicht verschont. Die Wintersaison findet im Freien statt. Man trägt wieder Hut und schwer an seinem Schicksal. Aber langsam kehrt mit den alten Schlägern auch das Modebewußtsein zurück. Fußlappen von Verrutschi sind der erste Schrei.

Nicht mehr schwarzsehen, sondern schwarz aussehen. Rock around the center court. Man stiefelt halbstark durchs Halbfeld und spielt nur noch mit Nieten. Die jungen Wilden der Fifties kauen Gummi und tragen Leder. Denn sie wissen nicht, was sie tun sollen.

Make fifteen love, not war. Die Hippiegeneration läßt einiges rüberwachsen: Blumen, Haare und das Gras, aus dem die Tennisträume sind. Es wird verspielt gespielt, aber mit flauer Power. Dabei high sein ist alles.

Sportswear aus dem Reißwolf. Man trägt angeschnitten und hängt an der Sicherheitsnadel. Wer selbst so aussieht, kann auf den Schläger verzichten. Gezählt wird mit dem Mittelfinger. Nur der Punk macht den Punkt.

Zopf statt Zoff. Break für den Broker der 80er. Sogar der Ball ist geleast. Input gleich Outfit: der Tennisdreß zum Tennisstreß. Hacker spielen sich in die Computer-Weltrangliste. Mit dem Laptopspin zu Spiel, Umsatz und Sieg.

Trendwende der 90er: Die Bälle werden kleiner, die Karos größer. Man nimmt sich viel Zeit und noch mehr Schläger mit. Aber die Birdies pfeifen es schon von der Netzkante: Kann man auf einem Platz mit achtzehn Löchern wirklich noch Tennis spielen?

Das Wort hat Doppel-Pastor Pudlich:

Gelobbt sei der Halbvolley, meine Brüder und Schwestern!
Ihr seid hier auf diesem Nebenplatz vor mich hingetreten, auf daß das Netz Euch nicht länger trenne und Ihr den ewigen Bund zum gemischten Doppel schließet.

Und wahrlich, ich sage Euch, es ist ein wunderbares und neues Gefühl für zwei Menschenkinder, die bisher nur im Einzel gelebt haben! Von nun an wissen sie nämlich, daß sie stets eine Partnerin oder einen Partner ihres Vertrauens im Rücken haben. Der erste Aufschlag wird sie vielleicht voll am Hinterkopf treffen, doch sie wissen immer, daß es ihnen beim zweiten ebenso ergehen kann.

Und sind wir Menschen nicht wie die Bälle selber? Getrieben von den Schlägen des Lebens? Zappelnd im Netz der Begierden? Und landen wir nicht dereinst alle im ewigen Aus? Ja, es kann noch in den flachsten Bällen eine tiefe Bedeutung liegen.
Darum laßt uns dieses Doppel dreifach loben, denn es tritt nun hinaus auf das Spielfeld des Lebens, das größer geworden ist. Nämlich 1,37 m links und 1,37 m rechts. Da ist nun genug Raum für zwei, die einander verstehen. Und mag einer von beiden auch rufen »Laß mir den Ball!« und der andere verstehen »Rasier Dich mal!«, so werden sie doch beide nicht an den Ball kommen.

Und wenn dem glücklich gemischten Doppel dereinst eigene Balljungen und Ballmädchen geschenkt werden, dann hat es wahrscheinlich zwischendurch Golf gespielt und endlich eingelocht.

Und so frage ich nun: Wollt Ihr Euch den Tennisarm reichen, um fortan jeden Ausschlag und jeden Schleiß miteinander zu teilen, so antwortet mit

»Jawoll, ich spiel mit Moppel
nur noch gemischtes Doppel!«

Hier haben sich 10 Fehler eingeschlichen.

Finden Sie sie!

Kleiner Tip: Setzen Sie sich. Legen Sie das Buch an dieser Stelle aufgeschlagen vor sich auf den Tisch. Stehen Sie nun auf und gehen Sie um den Tisch herum. Betrachten Sie jetzt diese Seite von der anderen Seite. Na, können Sie die Lösungen lesen?

Der sympathische junge Tennisspieler hat folgende verzeihliche Fehler gemacht:

1. Er trägt nur einen Schuh
2. Er hat vergessen, sein T-Shirt vom Bügel zu nehmen
3. Er benutzt einen zu kleinen Schläger
4. Er hat sich »Mäzedes« aufs Hemd gemalt in der Hoffnung, Sponsoren anzulocken
5. Er hat seinen Ball noch nicht aus dem Geschenkpapier ausgepackt
6. Er trägt statt zwei Socken einen Strumpf
7. Er hat noch Lockenwickler im Haar
8. Er tritt in Unterhosen an
9. Er benutzt sein Stirnband als Nasenschutz
10. Er hat seinen Vereinsbeitrag nicht bezahlt und darf *deshalb* nicht auf den Platz

Ein Blick in die Zukunft zeigt Besäufniserregendes: Immer kürzere Tennistalente werden in immer längeren Fernsehübertragungen vor immer weniger Zuschauern um immer mehr Geld spielen. Die Entwicklung ist nicht mehr auszuhalten, und Bilder wie dieses werden bald keine Seltsamkeit mehr sein. Im Finale der Deutschen Bankmeisterschaften am Hamburger Rothenbäumchen stehen sich gegenüber:

	Brummy Bair (USA) :	**Pelle Kartoffelson (Schweden)**
Alter:	4 Jahre, 3 Monate	3 Jahre, 7 Monate
Weltrangliste:	Plätzchen 1	Plätzchen 4
Gewinnsümmchen:	100 Millionen Trillionen	Noch nicht ganz 10.000.000.000.000.000 $
Stärke:	Patschhand	Topfspin
Schwäche:	häufig noch zu verträumt	Blase
Sponsor:	Schlaraffia	Pampers
Hobbys:	Mittagsschlafen, Tagträumen	Schnelle Aufziehautos mit Telefon
Vorbild:	Vati	Brummy Bair
Traumfrau:	Mutti	Brummy Bairs Mutti
Lieblingsessen:	Gummibärchen, gut durchgespeichelt	Pellpommes mit Mayo
Lieblingsfarbe:	Bunt	Pigelb
Lieblingslied:	Chloroformia Dreaming	Blowing in the Windel
Lieblingsband:	SABBA	PI ϟϟ
Wohnsitz:	Sunset Boulevard, Hollywoody	Chateau Reibach, Monte Carlchen
Berufswunsch:	Traumtänzer	Anrufbeantworter
Motto:	Wer schläft, der sündigt nicht – aber wie geht das überhaupt, das Sündigen?	Besser falsch verbunden als schief gewickelt.

Te

nis im 3. Jahrtausend

Dieses Buch ist jetzt zu ...

Kaufen Sie sich doch ein neues!

Endlich allein
auf dem Platz!

HEYNE ALLGEMEINE REIHE
Nr. 01/9067

Das Tennis-Buch Otto

Herausgegeben von
Bernd Eilert, Peter Knorr und Hanno Rink
Texte von Bernd Eilert, Peter Knorr und Otto Waalkes
Zeichnungen von Otto Waalkes
Gestaltung von Hanno Rink
Umschlag von Hanno Rink und Otto Waalkes
Fotos von Rudolf Diet, Günther Fieweger, Hank Meyer u. a.

Wilhelm Heyne Verlag GmbH & Co. KG, München
Printed in Germany 1994
Umschlaggestaltung: Atelier Ingrid Schütz, München
Druck und Bindung: RMO, München

ISBN 3-453-07517-X